AF360320

REPONSE SIGNIFIE'E

Aux Requeſtes de Prevoſt ſignifiées les 14 Avril, ſept & onze Aouſt 1728.

POUR Yves-Gabriel Dudrot, Receveur des Tailles de l'Election de Guiſe, ci-devant Receveur des Traittes & Gabelles au même lieu, Demandeur & Accuſateur.

CONTRE Nicolas-David le Prevost, dit de la Haye, Défendeur & Accuſé, Priſonnier ès Priſons de la Conciergerie du Palais.

A NOSSEIGNEURS DE LA COUR DES AYDES

En la seconde Chambre.

SUPPLIE humblement YVES-GABRIEL DU-DROT, Receveur des Tailles de l'Election de Guiſe, ci-devant Receveur des Traittes & Gabelles au même lieu : DISANT, que pour éviter ſa ruine entiere, il a été for-cé de ſuivre une Procedure extraordinaire contre Nicolas David le Prevoſt, ci-devant Contrôleur des Traittes au Bureau de Guiſe.

Le titre d'accuſation formée contre lui a pour objet un crime capital,& qui ſuivant toutes les Ordonnances, merite peine de mort : ſçavoir fauſſeté & prévarication commiſes en même temps dans les fonctions de ſon Employ.

Il eſt accuſé d'avoir contrefait la ſignature du Supliant au bas d'un Paſſavant,qu'il a délivré pour acquit, afin de profiter des droits dont il s'eſt réellement fait payer.

Cette action de Prevoſt n'eſt pas ſon coup d'eſſay, & ce n'eſt ni la pre-miere fois ni la ſeule qu'il ſe ſoit hazardé de contrefaire la ſignature du Supliant. L'on ſent aſſez qu'avec ce malheureux talent & cette habitude criminelle,il étoit en état de le ruiner ſans reſſource,& que ce n'eſt par con-ſequent pas ſans interêt qu'il pourſuit contre lui la conviction de ce crime.

Il en étoit déclaré düement atteint & convaincu, ainſi que de pluſieurs autres malverſations, par une Sentence, renduë à la verité par contumace, mais précedée d'une inſtruction faite avec lui, qui pouvoit ſeule operer la conviction.

A

Il s'est enfin representé, & par-là il a fait tomber l'effet de ce Jugement, mais non pas les preuves qui le précedent, contre lesquelles il n'est pas possible qu'il parvienne à se justifier. Quelques efforts qu'il ait fait pour les aneantir, elles ont été conservées par l'Arrêt du 4 Février dernier, elles acquereront une nouvelle force par l'instruction qui a été continuée en la Cour en vertu de cet Arrêt, après quoi l'Accusé ne doit pas se flatter que son crime puisse échapper aux lumieres & à l'integrité de ses Juges, & il devroit être avec raison dans la crainte trop bien fondée d'une punition severe.

La confiance qu'il veut au contraire faire paroître au dehors, peu convenable à sa situation ainsi qu'au temoignage de sa propre conscience & à son interieur, qui se développera dans la suite, est seulement un effort affecté pour tâcher de se travestir, s'il lui étoit possible, & de representer un personnage different de ce qu'il est en effet.

C'est par le même principe que dans sa Requête du 14 Avril dernier il annonce avec un air de securité, que dans son interrogatoire subi en la Cour, il a manifesté son innocence, & qu'il accuse le Supliant de calomnie & de vexations.

Pour parvenir à ce but & faire prendre le change, il déguise les faits qu'il explique à sa fantaisie & qu'il tourne à son avantage.

Il faut en rétablissant les faits dans leurs veritables circonstances, lui ôter ce masque trompeur, & le faire paroître tel qu'il est, après quoi en faisant valoir les preuves qui subsistent contre lui, l'on répondra aux objections qu'il propose contre ces preuves, soit pour les annuller entierement contre la disposition de l'Arrêt qui les a conservées, soit au moins pour en diminuer la force.

F A I T.

Le Supliant pendant les années 1723 & 1724 étoit Receveur des Traittes à Guise, qui est un Bureau d'entrée dans le Royaume par où il passe beaucoup de differentes marchandises étrangeres sujettes aux droits

Il étoit en même temps Receveur des Tailles en l'Election de Guise, ainsi que des Gabelles & du Tabac.

Ces differens emplois lui donnoient assez d'occupation pour l'engager à être assidu & exact. Mais comme il étoit quelquefois obligé de s'en rapporter à d'autres, surtout dans des temps de maladie, il se trouvoit exposé malgré toute sa vigilance à des surprises inévitables, ayant auprès de lui un homme qui avoit la hardiesse & l'habileté de signer son nom & de donner ainsi pour lui des quittances de sommes qui ne lui étoient pas rendües, mais dont il se trouvoit ensuite obligé de tenir compte à ceux qui les rapportoient.

Il ne lui est que trop arrivé que les Collecteurs des Tailles ou des Gabelles lui ayent representé de semblables quittances, & que trompé lui même par la ressemblance de sa signature il les ait pris pour bonnes & leur en ait tenu compte, quoique cela ne fût pas porté sur ses Livres, s'imaginant que c'étoit une omission arrivée pendant des temps de maladie, ensorte qu'il s'est trouvé ainsi chargé de ce qu'il n'avoit pas reçu, mais qui avoit été payé à d'autres qui avoient abusé de son nom en contrefaisant la signature.

C'est ce qui lui a causé des pertes infiniment considerables & fait un vuide dans sa recette & un debet dont il ne pouvoit deviner la source, jusqu'à ce qu'il ait découvert la manœuvre de l'Accusé, que l'on voit bien en avoir été l'auteur par des signatures contrefaites, parce que l'on ne peut attribuer à d'autres cette fausseté, qui s'est enfin découverte par rapport aux droits de Traites, ainsi qu'il va être expliqué, aprés que l'on aura dit un mot du caractere de ce Commis.

Prevost qui étoit dans ce même temps Contrôleur du Bureau des Traittes, est un homme d'assez basse condition, originaire de Normandie & peu avantagé des biens de la fortune, qui vouloit cependant paroître avec un certain éclat & faire une dépense considerable, que les appointemens de sa commission ne pouvoient fournir, puisqu'ils n'étoient que de 475 l. par an, déduction faite de sa Capitation : l'on n'exagerera pas quand on dira qu'il dépensoit par an environ 8000 l.

Il falloit pour soûtenir cette dépense augmenter par toutes sortes de voïes le revenu de son Emploi, qui faisoit la meilleure partie de son patrimoine, & c'est pour y satisfaire qu'il a fait pendant ce tems differentes malversations ou concussions, qui sont longtemps demeurées dans le secret & qui ne se sont decouvertes que peu à peu, tout Guise est instruit de ces faits.

Le Supliant qui en souffroit le plus, fut malheureusement des derniers à en être instruit, & il ne le seroit pas encore, si au mois de Mars 1724 le Subdelegué du Commissaire départi dans la Province ne lui avoit appris que Prevost avoit depuis peu fabriqué la signature au bas d'un Passavant qu'il avoit délivré au lieu d'un acquit au nommé Desprez Laboureur, qui avoit remis ce Passavant à ce Subdelegué, en l'instruisant de la maniere dont le tout s'étoit passé.

C'est par cette voye que le Supliant fut instruit des veritables circonstances du fait qui lui furent expliquées & que voici.

Le nommé Desprez, Laboureur à Esqueherries vint au Bureau des Traittes de Guise le 24 Février au matin pour y acquitter les droits de deux Chevaux qui avoient été achetez en Foire au Câteau Cambresis, l'un pour lui & l'autre pour le nommé Gauvin son voisin. Prevost ayant sçu de lui ce qu'il souhaittoit, & n'osant pas faire sa manœuvre dans le Bureau, feignit d'y être alors embarrassé, & lui dit de l'aller attendre chez lui dans une heure, qu'il l'iroit joindre & qu'il lui donneroit satisfaction.

L'Accusé convient de cette remise ou délay, en supposant qu'il étoit occupé à la verification d'un Etat que les Fermiers Generaux lui demandoient ; mais qui est-ce qui ne voit que ce n'est qu'un prétexte pour déguiser son intrigue ? car quelqu'occupé qu'on le suppose à cette prétenduë verification, s'il ne s'étoit agi, comme il prétend l'insinuer, que de donner un simple Passavant, qui se pouvoit expedier en moins d'une minutte, il n'y auroit pas eu de raison de renvoyer ce Païsan & de le faire revenir une heure après, parce qu'une aussi legere expedition ne l'auroit certainement pas beaucoup détourné.

Il avoit donc un autre motif dans cette remise, & ce ne pouvoit être que pour negocier plus à son aise le profit qu'il prétendoit en tirer.

Ce n'est point aussi dans le Bureau qu'il a délivré le Passavant en question, mais chez lui & dans sa maison, il en convient encore par sa Requête, dans laquelle voulant éviter d'avoüer qu'il avoit donné rendez-vous chez lui, il dit qu'il rencontra Desprez dans la ruë, & qu'ayant en même tems apperçu le nommé Letrillard Garde du Bureau, il lui dit d'aller lui chercher deux Passavans non remplis. Mais si ces faits étoient vrais, qu'il eût rencontré Desprez dans la ruë & dans le même tems un des Gardes du Bureau, pourquoi n'y retournoit-il pas avec lui plutôt que d'envoyer chercher des Passavans pour se les faire apporter chez lui ? N'est-ce pas une preuve par son propre langage qu'il vouloit que cette negociation se passât dans sa maison, & qu'il avoit ses raisons pour éviter la lumiere?

Quoi qu'il en soit, Prevost étant allé chez lui où il avoit porté deux Passavans en blanc qu'il avoit pris dans le Bureau, & Desprez l'y étant venu trouver comme il lui en avoit donné l'ordre, il lui demanda d'abord 11 liv. pour les droits ; mais il se contenta ensuite de 8 liv. 4 sols, à condition que l'on lui apporteroit outre cela deux chapons, & il lui donna deux Passavans au lieu d'acquit, l'un pour lui, l'autre pour le nommé Gauvin.

Pour colorer son vol il insera dans ce Passavant une déclaration contraire à celle que lui avoit faite Desprez ; car ce Laboureur avoit déclaré que les chevaux avoient été achetez en Foire au Câteau Cambresis, & c'est par cette raison qu'il venoit en acquitter les droits d'entrée ; mais au lieu de cela il insera qu'il avoit déclaré les avoir achetez à Guise de Gerard Godard qui en avoit acquitté les droits la veille en plus grande quantité au même Bureau suivant le Registre n°. 484.

Cette énonciation de droits acquittez la veille suivant le n°. 484 du Registre, marque bien que la déclaration inserée dans le Passavant est l'ouvrage de Prevost seul. Car quand Desprez auroit voulu faire une fausse déclaration, il n'auroit pas sçu la datte & le numero de l'acquittement porté dans le Registre, il n'y avoit que Prevost qui pouvoit en avoir connoissance & qui s'en servoit pour couvrir sa fraude.

Mais la fausseté de cette déclaration est encore plus évidente par les Registres d'Entrée & de Sortie de la Ville de Guise, qui sont produits au Procès. Car en même temps que l'on voit par le Registre d'entrée de la porte du côté de la Flandres, appellée la porte du grand Pont, fol. 9 recto, num. 86, que Godard Marchand à Reims avoit fait entrer 4 Chevaux, l'on voit aussi par celui de la porte de sortie pour aller à Reims, appellée la Porte Chanteraine, fol. 11 rect. n. 484, que Godard a payé 36 l. 6 l. pour les droits en les faisant sortir le même jour qu'ils étoient entrez 23 Fév. 1724, d'où il s'ensuit qu'il étoit impossible qu'ils fussent encore le lendemain 24 Février dans Guise, que Desprez en eût acheté deux, ni qu'il les eût fait de nouveau rentrer dans cette Ville. Ainsi l'on voit évidemment que cette déclaration étoit une fraude pratiquée par Prevost pour couvrir son jeu, mais qui sert aujourd'hui, comme il est assez ordinaire, à constater son crime, & qui montre qu'il s'est lui-même embarrassé dans son propre piege.

Jusques-là il n'y auroit qu'une simple malversation & prévarication de Prevost, soutenuë d'une fausse déclaration par lui fabriquée contre celle faite par Desprez & qui ne laisseroit pas d'être très-criminelle dans un Commis. Mais ce Laboureur se méfiant avec raison de la conduite de Prevost, & ayant insisté à lui dire qu'il fît tout ce qu'il falloit en regle pour

n'en

n'en point avoir de chagrin, que des Gardes pourroient l'avoir vu acheter (comme il l'avoit déclaré) au Casteau, & qu'ils ne manqueroient pas de le venir saisir, s'il manquoit quelque chose au papier qu'il alloit lui donner. Prevost pour se délivrer de ses importunitez & pour le rassurer, ou pour le calmer, reprit le Passavant & signa devant lui le nom du Suppliant au bas de ce Passavant, en lui disant qu'avec cette signature il n'avoit rien à craindre, & qu'au surplus il lui arrivoit tous les jours de signer ainsi le nom de Dudrot afin de lui en éviter la peine, & que cela étoit sans conséquence.

Desprez étant ainsi sorti d'avec Prevost, & ayant connu par la lecture de ce Passavant que Prevost n'y avoit pas mis la déclaration qu'il avoit faite d'avoir acheté son Cheval au Casteau, mais qu'il en avoit inseré une contraire qu'il l'avoit acheté à Guise, & qu'il lui donnoit un simple Passavant au lieu d'un acquit, fit differentes démarches auprès de ce Commis pour le lui faire réformer. Il fut heureusement pour le Supliant, assez aveugle pour ne se pas rendre aux remontrances de Desprez, qui n'en ayant eu que des paroles sans effet, alla trouver le sieur Desforges Subdelegué, auquel il montra ce Passavant & le lui laissa.

Le sieur Desforges avertit le Supliant de toute cette manœuvre, qui étoit pour lui d'une conséquence infinie, parce qu'en contrefaisant ainsi sa signature, Prevost pouvoit lui avoir fait & lui faire encore un préjudice infini, ensorte qu'il étoit necessaire d'arrêter le cours de ces faussetez & de prendre des mesures pour s'en mettre à couvert à l'avenir.

Prevost informé de sa part de la découverte que le Supliant avoit faite contre lui qui pouvoit le perdre, le fit prier de ne pas ébruiter cette affaire, & d'avoir pitié de lui. Le Supliant voulut bien alors avoir ce ménagement pour lui, mais à condition qu'il se retireroit de Guise, afin qu'il ne fût plus à portée de le surprendre de nouveau. Il le promit & il partit en effet dans ce temps pour se rendre à Paris & y solliciter son changement d'Emploi.

C'est ce qui a fait que le Supliant quoiqu'averti dès le mois de Mars 1724 de la fausseté commise par Prevost en contrefaisant sa signature, n'en a cependant rendu plainte qu'au mois de Mai suivant.

Prevost fit tout ce qu'il put pendant son séjour à Paris pour desservir celui qui vouloit bien ne le pas poursuivre, quoiqu'il lui écrivit dans des termes contraires. C'est aussi pendant ce séjour qu'il écrivit au Supliant une lettre qui est jointe au Procès, dans laquelle il le remercie de son silence, ce qui fait assez connoître qu'il avoit raison de craindre l'éclat ; mais enfin s'étant enhardi de nouveau il revint à Guise, soit qu'il n'eût pu obtenir un autre Poste, ou qu'il trouvât plus de facilité dans celui de Guise à faire des gains considerables.

Le Supliant qui avoit interêt de ne pas demeurer exposé aux intrigues d'un homme si dangereux, le menaça encore de faire informer s'il ne se retiroit avant le premier May. Il le promit & ne tint pas parole.

C'est alors que le Supliant fut forcé pour son interêt particulier & pour éviter sa ruine entiere de commencer contre Prevost une procedure criminelle.

Il rendit plainte le 2 May 1724 au Lieutenant Criminel de Ribemont du fait qu'il avoit découvert, que Prevost avoit délivré au nommé Desprez un Passavant au lieu d'acquit, au bas duquel il avoit contrefait sa signature, pourquoi il avoit exigé de Desprez 8 l. 4 s. qu'il avoit retenus sans porter cette somme sur le Registre, & il déposa en même temps au Greffe par Ordonnance du Juge ce Passavant après qu'il eut été paraphé par le Juge & par lui.

Ayant obtenu sur cette plainte permission d'informer il a fait assigner des Témoins & fait faire l'information dans laquelle il n'est pas possible de douter qu'il n'y ait des preuves très-concluantes, tant par ce qui a suivi cette information, que par ce qui en a été lû à l'Audiance lors de la Plaidoirie, qui a précedé l'Arrêt du 4 Février dernier.

L'Accusé n'eut pas plutôt avis que cette procedure extraordinare se commençoit contre lui, que pour éluder l'instruction, il proposa son déclinatoire & requit son renvoy devant les Juges des Traites de Guise.

Il lui fut accordé par une Sentence du 17 May 1724, en consequence de laquelle il se fit quelques Procedures, & il intervint entr'autres une Ordonnance sur sa Requête qui lui accorda, comme il l'avoit demandé, la faculté de faire apporter au Greffe des Traites de Guise les pieces de la Procedure criminelle commencée à Ribemont; mais comme il n'avoit pas été ajouté dans cette Ordonnance que cela se feroit aux frais du Supliant accusateur & partie civile; quoiqu'il ne refusât pas de faire ces frais, ainsi qu'il est de regle, l'accusé saisit encore ce prétexte pour éloigner, en interjettant appel de l'Ordonnance qu'il avoit lui-même obtenue, & il se servit de ce moyen pour demander d'autres Juges que les Officiers pardevant lesquels il avoit requis son renvoi.

Il faut placer ici le fait du voyage du sieur Grimod du Fort, qui s'est transporté dans ce temps à Guise pour examiner la conduite de Prevost, contre lequel l'on avoit envoyé des memoires aux Interessez dans la Regie des Fermes, tant au sujet de la fausseté en question que d'autres malversations.

Ce n'est point au Supliant seulement qu'il faut imputer ce transport, qui ne dissimulera pas neanmoins qu'il n'ait donné avis du fait qui le concernoit; mais c'est que le sieur Menage, qui étoit Inspecteur General des Fermes, s'étant transporté chez Desprez pour sçavoir s'il avoit acquitté les droits du Cheval qu'il avoit achetté au Casteau, & ayant appris ce qui s'étoit passé à son égard, sçavoir la fausseté & la prévarication commise par Prevost, il en dressa son Procès verbal qu'il envoya aux Interessez.

Le sieur Grimod du Fort, l'un d'eux, se transporta sur les lieux pour s'instruire par lui-même de la verité du fait : c'est à cette occasion qu'il se fit representer les Registres d'entrée & de sortie des Portes de Guise, dont il a été ci-dessus parlé, qui furent par lui paraphez : & dans l'examen qu'il fit de la conduite de Prevost il découvrit encore plusieurs autres malversations, pour raison dequoi non-seulement il lui ôta son emploi, mais il obtint un ordre du Commissaire départi, en vertu duquel il le fit arrêter & conduire le 17 Juin 1724 dans les Prisons de S. Quentin, d'où il a été conduit dans celles de Peronne, où il est demeuré jusqu'au 4 Juillet suivant.

Il fit aussi arrêter le nommé Letrillard qui agissoit de concert avec Prevost pour frustrer les droits du Roy.

Si Prevoſt a été remis en liberté, au moins n'a-t-il point été rétabli dans l'Emploi, dont il avoit été révoqué, & ce n'eſt pas le ſieur Grimod inſtruit de ſa conduite qui la lui a procurée; mais ſa détention étant arrivée pendant le tems de la Regie des Fermes, il a trouvé plus de facilité à l'obtenir, qu'il n'en auroit eu dans un autre tems. Il a ſurpris des Protecteurs qu'il avoit à Paris, qui trop credules à ſes paroles, ont ſollicité & obtenu ſa liberté ſur le faux expoſé que Prevoſt leur avoit fait, qu'il étoit dangereuſement malade, & en riſque de ſa vie, s'il reſtoit plus long-tems dans les Priſons. Tout cela, au ſurplus, n'étant point du fait du Supliant, mais s'étant paſſé ſans ſa participation, eſt étranger à la Procedure criminelle dont il faut reprendre le recit.

Prevoſt remis en liberté dès le 4 Juillet 1724, ne s'eſt pas fort preſſé de faire ſtatuer ſur ſon appel, pour fixer dans quelle Juriſdiction l'on procederoit, & ce n'eſt que le premier Décembre ſuivant, qu'il eſt intervenu Arrêt en la Cour, qui a renvoyé en l'Election de Guiſe & ordonné que les Procedures faites à Ribemont y ſeroient portées.

Elles y ont été apportées le 11 Janvier ſuivant, & dépoſées au Greffe, après quoi le Supliant ayant demandé permiſſion d'informer par addition, il a fait entendre de nouveaux Témoins.

L'Accuſé oppoſe que cette ſeconde information a été anéantie par l'Arrêt de la Cour du 4 Février dernier. Le fait eſt vrai, parce qu'elle s'eſt trouvée compoſée de faits de malverſations particulieres, non compriſes dans la plainte du Supliant, & par conſequent faite ſans Ordonnance de Juſtice; mais elle n'a pas été anéantie ſans eſperance de retour. Car par ce même Arrêt il a été donné Acte à Monſieur le Procureur General de la plainte qu'il a renduë des mêmes faits de malverſations, permis à lui d'en faire informer à ſa Requête, & de faire entendre les mêmes témoins; les prévarications mêmes dont ils ont dépoſé, ont une telle connexité avec celle à l'occaſion de laquelle l'Accuſé a commis la fauſſeté dont il s'agit, qu'il ne ſemble pas que ces deux Inſtructions puiſſent être ſeparées.

Quoiqu'il en ſoit, l'Accuſé ayant prétendu par un dire du 5 Mars 1725, que dans les vingt-quatre heures après le dépôt de la piéce au Greffe, l'on avoit dû conſigner l'amende, & donner ſes moyens de faux, le Supliant voulut bien le ſatisfaire ſuivant ſon goût, quoique cela fût inutile, & pour cet effet, le 10 Mars il conſigna l'amende, & employa pour moyens de faux le contenu en ſa plainte, & dans les deux Informations, en demandant néantmoins qu'il fût procedé à la verification de la piéce, par Experts nommez d'Office ſur des piéces de comparaiſon.

Après cette Procedure, Prevoſt ayant été decreté de priſe de corps le 28 Mars 1725, & s'étant ſoigneuſement caché, l'on fit la Procedure ordinaire en pareil cas, ſçavoir la perquiſition de ſa perſonne, la ſaiſie & annotation de ſes biens, l'aſſignation à la quinzaine, & l'aſſignation à cry public à la huitaine.

Il mit ce tems à profit pour ſe pourvoir contre le Decret, & il obtint le 8 May 1726 un Arrêt par défaut, qui fit deffenſes de mettre le Decret à execution, en ſubiſſant par lui interrogatoire, & à la charge de ſe repreſenter à toutes aſſignations en état d'adjournement perſonnel, à peine de conviction.

Cet Accusé, qui n'avoit d'abord paru que pour contester les Jurisdictions, qui avoit ensuite disparu quand il y en avoit eu une fixe, où il avoit été decreté, & qui depuis le Décret s'étoit tenu caché pendant plus d'un an sans oser paroître, n'eut pas plûtôt obtenu cet Arrêt & sa liberté, qu'il parut fort empressé, & il conserva cet air de confiance jusqu'à ce que voyant l'instruction avancée, & le danger s'approcher, il disparut de nouveau.

C'est pendant ce tems de securité qu'il fit des Sommations au Juge pour recevoir son interrogatoire, qu'il subit en effet le 8 Juin 1726, lors duquel il reconnut & parapha la piéce arguée de faux, & qu'il donna des Requêtes en dommages & interêts, pour lesquels il demandoit 10000 liv. sa ressource dans la suite a été de contester les piéces de comparaison.

Il en avoit été déposé douze au Greffe de l'Election, le 8 Juillet 1726, sur lesquelles le Supliant avoit demandé, qu'il fut procedé à la verification par Experts nommez d'Office, après que l'Accusé auroit eu communication de ces piéces, pour declarer s'il en convenoit ou non. Sur cela il intervint une Sentence le 29 Juillet, qui ordonna que ces piéces déposées lui seroient representées, & qui nomma cinq Experts, sçavoir Me Tiratel Avocat à Herison, un Notaire de Soissons, un de Laon & deux Maîtres Ecrivains, l'un de Laon & l'autre de Saint-Quentin.

En execution de cette Sentence, les douze Pieces de comparaison ayans été representées à l'Accusé, il les contesta autant qu'il lui fut possible, il demanda qu'il en fut apporté de nouvelles, & le succès de la contestation fut que pour le démouvoir, il fut arrêté qu'il y en auroit quatre de ces douze de rejettées, & en même tems il fut ordonné qu'il en seroit en leur lieu apporté quatre autres, qui seroient jointes aux huit qui furent conservées, sçavoir deux Départemens des Tailles, signez du Supliant, qui seroient representées par le Greffier de l'Election, & deux signées par l'Accusé qui seroient apportez par deux Notaires, toutes d'une datte anterieure à celle de la piece qu'il s'agissoit de verifier.

Cela a été executé à la lettre. Les quatre pieces nouvelles ont été admises, sans qu'elles ayent même souffert tant de contestation de la part de l'Accusé, & c'est sur ces douze piéces que la verification a été faite par quatre des cinq Experts qui avoient été nommez, le cinquiéme n'ayant pû s'y trouver parce qu'il étoit tombé malade, & qu'il étoit éloigné de sept lieuës de la Ville de Guise, où se devoit faire la verification.

Ces quatre Experts, après avoir examiné separément chacun en particulier les piéces de comparaison, & la piéce arguée de faux, ont donné leur avis, que l'Accusé lui-même convient avoir été unanime. La conclusion de cet Avis, est que la signature du nom du Supliant est contrefaite, & que c'est l'Accusé qui est l'auteur de cette fausseté. L'on répondra dans la suite aux moyens dont il prétend combattre cet Avis, & sur lesquels il se fonde pour demander une nouvelle verification.

Ces Experts ont été repetez dans leurs rapports, par forme de déposition, & leurs Avis font au moyen de cela partie de l'information.

C'est alors que l'Accusé étant instruit de l'Avis des Experts dans la verification par eux faite de la signature apposée au bas du Passavant en question, ensemble d'une Sentence du 19 Octobre, qui avoit ordonné le recollement de ces Experts, ainsi que des autres témoins, & commençant

ainsi

ainsi à voir le danger de plus près, il fit parler d'accommodement par differentes personnes qu'il employa.

Il fit plus, il envoya au Supliant un projet d'acte, par lequel, s'il vouloit bien cesser sa poursuite, il reconnoîtroit que ce n'étoit que par consideration pour sa Famille, à la priere de ses amis & pour lui faire grace, & en ce cas, il le rembourseroit de tous ses frais, & il termine cet acte en marquant que si cet accommodement ne convenoit pas au Supliant, il en passeroit par où il lui plairoit.

Ce projet d'acte, qui n'est pas à la verité signé par l'Accusé, mais qui est écrit de sa main, & qui a été apporté par sa femme, est produit au Procès, & il forme un aveu & une conviction contre lui du crime dont il est accusé.

Le Supliant qui avoit été trompé les premieres fois par de pareilles promesses, ne crut pas devoir s'y fier, ni accepter cette proposition de l'Accusé, qui allarmé de ce refus, & ne pouvant éviter la peine s'il restoit sur le lieu, prit le parti de s'enfuir de la Ville de Guise, & d'aller se cacher dans la Ville de Roüen, pour se soustraire à la Justice.

Cette fuite de l'Accusé est encore une preuve de son crime dont elle seule, aux termes de l'Arrêt qu'il avoit obtenu lui-même, pouvoit former la conviction. Car cet Arrêt ne lui avoit rendu la liberté de sa personne, qu'à la charge de se representer à toutes assignations en état d'ajournement personnel à peine de conviction.

Depuis cette évasion, il n'a point paru devant les Juges de Guise, il y a eu differens Procès verbaux & Jugemens de défaut, dont il seroit inutile de rendre compte, ainsi que de toute la procedure jusqu'à la Sentence definitive de contumace renduë contre l'Accusé, parce que tout cela est tombé en vertu de l'Ordonnance, par sa representation dans les Prisons.

Ce qu'il faut seulement observer, c'est que la Sentence définitive renduë contre lui le 7 Fevrier 1727, qui le condamne à faire amende honorable, & ensuite au dernier suplice, est fondée sur un grand nombre d'Ordonnances de nos Rois, qui y sont énoncées, & qui toutes prononcent peine de mort, pour les crimes dont il est déclaré atteint & convaincu.

Cette Sentence ne fut pas plutôt renduë qu'il en parut un appel interjetté par acte du 11 Fevrier; mais abandonnant cette route pour user de surprise, il obtint le 24 May un Arrêt sur Requête, dans laquelle dissimulant la Sentence définitive, il se fit recevoir Appelant de celle du 19 Octobre 1726, qui avoit ordonné le recollement, ensemble de tout ce qui avoit suivi, & par lequel il fit ordonner l'apport des charges & informations en la Cour.

Le Supliant en ayant eû avis y forma opposition & soûtint conformement à l'art. 4. du tit. 25. de l'Ordonnance de 1670, que la Contumace étant instruite & jugée contre lui, toute Audiance devoit lui être déniée jusqu'à ce qu'il se fût mis en état.

Il vint cependant à bout de faire apporter les pieces du Procès, concernant l'accusation de faux, après quoi son Conseil voyant bien qu'il ne lui étoit pas possible d'éluder la disposition de l'Ordonnance, il se déter-

C

mina à se mettre dans les prisons, où il se rendit en effet le *6 Août.*

Il n'y fut pas plûtôt qu'il s'en repentit; deux jours après il donna une Requête, par laquelle, en interjettant apel de nouveau, tant de la Sentence de Contumace que de toute la Procedure, il demanda la liberté de sa personne aux offres de se representer.

Il n'est point d'efforts qu'il n'ait fait pour l'obtenir, en proposant des conditions de toute espece, entr'autres celles d'être mis à la garde d'un Huissier pour sûreté de sa parole; mais tous ses efforts ont été inutiles. La Cour a parfaitement connu qu'il étoit d'une trop dangereuse consequence de le laisser échapper de nouveau, ou de lui laisser l'usage d'une liberté dont il avoit déja abusé contre ses ordres.

Il n'a pas été plus heureux dans la plûpart des chefs d'une longue Requête qu'il presenta à la Cour le 10 Dec. 1727, dans laquelle il proposoit un très-grand nombre de prétendus moyens de nullité, qui n'ont pas réüssi contre la Procedure qui avoit été faite contre lui, de laquelle il demandoit l'aneantissement.

Il concluoit entr'autres à ce que toute la Procedure faite depuis son Interrogatoire du 8 Juin 1726 fût déclarée nulle, en quoi il renfermoit les Procès verbaux de vérification des Experts & leurs dépositions, qu'il attaquoit par les mêmes moyens dont il prétend les combattre encore aujourd'hui, & il demandoit, comme il le demande encore par sa Requête du 14 Avril dernier, qu'il fût dressé un Procés verbal de l'état de la piece arguée de faux, & qu'il fût procedé à une nouvelle vérification, en aneantissant celle qui avoit été faite par les Experts à Guise.

Sur cette demande & sur les autres Requêtes il est intervenu Arrêt contradictoire le 4 Février dernier, qui n'a retranché de la Procedure que ce qui avoit été fait par Contumace & pendant l'absence de l'Accusé.

Cet Arrêt a conservé la vérification faite à Guise par les Experts qui y avoient été nommez, & il a ordonné que l'instruction seroit continuée, à commencer depuis cette vérification, pourquoi l'Accusé seroit tenu de subir Interrogatoire.

Il est vrai, comme il a déja été observé, que l'information faite par addition & qui contenoit un nombre presqu'infini de differentes especes de prévarications commises par l'Accusé, autres que celle en particulier contenuë dans la plainte du Supliant, a été aneantie; mais en même tems il a été donné Acte à Mr. le Procureur general de la plainte qu'il rendoit de ces Faits, & il lui a été accordé permission d'en informer.

Il y a lieu de croire qu'il ne négligera pas de faire faire cette instruction qui a une telle connexité avec l'accusation poursuivie à la Requête du Supliant qu'elle ne peut en être separée; car le faux dont il l'accuse a été commis pour parvenir à faire une de ces sortes de prévarications qui ne lui étoient que trop familieres. Il est coupable de plusieurs, & on ne le jugera pas pour une seule, en separant les autres; ce seroit juger un Accusé pour une partie de ses crimes & ne le convaincre qu'à demi, puisque le surplus ne seroit pas instruit.

Quoiqu'il en soit pour ce qui concerne la poursuite du Supliant, l'Accusé a subi Interrogatoire en execution de l'Arrêt du 4 Février dernier, & malgré toute son attention à vouloir déguiser la vérité, l'on est persuadé qu'elle lui eſt échappée au moins en partie, & loin de s'être juſtifié, comme il le dit dans ſa Requête, ſes propres Réponſes, en y faiſant bien attention, ne peuvent ſervir qu'à le confondre.

Les témoins & les Experts, entendus dans l'information, ont auſſi été recolez en la Cour, & enſuite confrontez à l'Accuſé. Ils auront ſoûtenu ſans doute les uns & les autres la vérité de leurs dépoſitions, tant au recollement qu'à la confrontation, & la foi qui doit être ajoûtée à la vérification des Experts, étant aſſurée par l'Arrêt du 4 Février dernier, & par celui du 26 Avril auſſi dernier, la preuve du faux ſe trouve complete, & la conviction pleinement acquiſe contre l'Accuſé.

Il ſent tellement lui-même que ſon crime ne peut plus être déguiſé à la vûë de ces preuves, qu'il fait tous ſes efforts pour les faire aneantir & recommencer, s'il pouvoit, une nouvelle inſtruction. Il met tout ſon ſalut dans de prétenduës nullitez de procédures, qui ont déjà été proſcrites par deux Arrêts ſolemnels de la Cour; il faut donc, pour conſerver à ces preuves toute leur force, répondre à preſent aux Objections par leſquelles il prétend les combattre dans les differentes Requêtes qu'il a preſentées à la Cour, & qu'il a fait ſignifier au Supliant les 14 Avril, 7 & 11 Août dernier.

REPONSES aux prétendus Moyens de l'Accuſé.

L'interêt du Supliant dans cette pourſuite eſt aſſez ſenſible, pour ne pas chercher d'autre motif de l'accuſation par lui intentée, que la reparation du tort qu'une pareille falſification de ſon nom & de ſa ſignature ont pû lui cauſer, & qu'il a réellement ſouffert, ainſi que la neceſſité de ſe mettre à couvert de pareilles ſurpriſes, qui auroient pû enfin cauſer ſa ruine entiere; cependant l'Accuſé veut ſans fondement lui preſter des motifs étrangers.

Il prétend d'abord qu'ils étoient depuis long-temps déſunis, parce que le Supliant étoit peu aſſidu à ſon Bureau, négligent dans ſon Emploi, & qu'il faiſoit même avec des parties ſaiſies des accommodemens préjudiciables aux interêts du Roi & de la Compagnie, pourquoi, ſur les avis qu'il en donna, le Supliant reçut des reprimendes qui le porterent à donner à ſon tour des Mémoires contre l'Accuſé, & à ſolliciter ſa revocation pour ſe débaraſſer d'un ſurveillant incommode.

Cette hiſtoire, ou plûtôt cette fable, eſt une recrimination qui ne contient rien de vrai. S'il y avoit eu quelque ſujet de meſintelligence entre l'Accuſé & le Supliant, ce n'auroit pas été le défaut d'aſſiduité du Supliant qui l'auroit cauſé, l'Accuſé auroit été charmé au-contraire que le Supliant n'eût pas été auſſi exact & auſſi aſſidu qu'il étoit à ſon Bureau, il ne s'en ſeroit jamais plaint, & il étoit fort content que les autres emplois du Supliant l'en détournaſſent quelques fois, parce qu'il avoit plus de liberté à faire alors ſes manœuvres ordinaires; mais il n'eſt pas vrai qu'il s'en ſoit beaucoup abſenté, ſi ce n'eſt dans des tems de maladie, & il l'eſt encore moins qu'il ait jamais fait d'accommodement avec des parties ſaiſies.

Le Supliant ignore ſi l'Accuſé a envoyé contre lui des Memoires; mais s'il l'a fait ils n'ont produit aucun effet, & il eſt faux qu'il ait reçu à cette occaſion aucune réprimende. Il ſçait bien de ſa part qu'il n'en a point envoyé contre l'Accusé que depuis qu'il eut découvert la fausseté par lui pratiquée, & il ne paroît pas qu'il y ait eu entr'eux aucun démêlé jusqu'au tems de la Plainte que le Supliant a renduë, ni qu'il ait tenté auparavant de le faire déposseder de son Emploi.

Loin que cette prétenduë animosité du Supliant contre l'Accusé soit veritable, il l'a au contraire protegé longtems, parce qu'il le croyoit honnête homme & qu'il ne le connoissoit pas pour un homme capable de faussetez & de prévarications.

Le Supliant étoit seulement Receveur des Tailles à Guise, & il n'avoit aucun Emploi dans les Traites avant le mois d'Avril 1723, l'Accusé y étoit plusieurs années auparavant Contrôleur, sçavoir dès 1715, ou même avant ce tems.

Le sieur Bournonville Directeur des Aydes ayant découvert quelques fraudes de sa part dans la sortie de vins hors du Royaume qu'il avoit facilitée, envoya des Memoires contre lui à la Compagnie des Interessez, dont l'effet fut de le faire révoquer de cet Emploi.

Le Supliant auquel il s'addressa dans la suite en 1717 ou 1718, employa son credit pour lui obtenir un autre Emploi. Avec ce secours & la protection qu'il pouvoit avoir à Paris il obtint la Commission de Receveur des Traites à Herilon qui est un petit Bourg dans le fond de la Thierarche.

L'Accusé peu content de cette retraite, où il a cependant séjourné quelque tems, sollicita de nouveau le Supliant pour le faire rétablir Contrôleur à Guise. Le Supliant qui ne sçavoit pas qu'il travailleroit ainsi à placer un homme si dangereux auprès de lui, s'employa encore en sa faveur, & Prevost fut replacé dans le Bureau de Guise.

Le Supliant y succeda au sieur son frere dans la fonction de Receveur des Traites au mois d'Avril de l'année 1723.

Il tomba très-dangereusement malade au mois d'Août suivant, & pendant qu'il étoit accablé d'une maladie qui le conduisit aux portes de la mort & qui lui laissa pendant longtems une foiblesse & une langueur à ne pouvoir supporter le travail, l'Accusé profita de son absence pour recevoir en son lieu & sous son nom les sommes que les Collecteurs des Gabelles ou des Tailles apportoient à la Recette.

Les derniers mois de l'année sont ceux où les payemens sont plus considerables, parce que toute la récolte étant faite, les Collecteurs reçoivent davantage; ainsi l'Accusé fit un tort infini au Supliant, qui ne s'est cependant apperçu des faussetez par lui pratiquées que lorsqu'il a été averti de celle en question, qui a causé la mésintelligence que l'Accusé lui reproche & qui en est la veritable époque comme la cause assez raisonnable pour ne l'en pas blâmer.

La querelle de Rigault que l'Accusé place ensuite comme le second sujet de discorde & le motif de l'accusation contre lui intentée, est un fait étranger, dont le recit ne feroit pas encore honneur à l'Accusé, qui prêtoit sa maison pour couvrir une débauche que le Supliant n'avoit pas voulu favoriser, mais qui seroit inutile ici, parce qu'encore une fois cela n'a aucun rapport à l'accusation dont il s'agit.

Enfin le troisiéme motif que l'Accusé suppose au Supliant, c'est d'a-

voir

voir voulu cacher le divertiſſement des deniers de ſa recette & chercher à s'acquiter du reliquat qu'il devoit aux dépens de la reputation
de l'Accuſé, & en faiſant entendre qu'il l'avoit volé ; pourquoi il a
rendu plainte contre lui & ſuivi ſon accuſation par le moyen de laquelle
il eſt enfin parvenu à ſe faire faire une remiſe de 30000 liv.

Cette injure faite au Supliant eſt très-mal concertée, car l'accuſation
de faux a été par lui intentée bien auparavant qu'il ait connu ſes dettes. C'eſt
la fauſſeté dont il s'agit qui lui a donné occaſion de s'examiner & de verifier
ſes Regiſtres ; il a connu par ce dépoüillement le tort infini qui lui avoit
été cauſé apparemment par de pareilles pratiques. Il n'a pû douter auſſi
que le vuide qùi s'eſt trouvé dans la recette de ſon frere qui l'avoit précedé dans le même Emploi, n'eût auſſi la même cauſe. Il eſt vrai qu'il
l'a repreſenté à la Compagnie, & il ne diſſimulera pas qu'il n'en ait
obtenu une legere remiſe, mais non pas de la ſomme de 30000 l.

Ce que l'Accuſé ajoûte, que le Supliant a ſubi en partie la rigueur du
ſort qu'il lui preparoit, en ce qu'il a été revoqué de ſes emplois dans les
Traites, dans les Gabelles & dans le Tabac, n'eſt pas encore plus vrai ;
car c'eſt le Supliant qui a voulu s'en retirer, & qui ayant remercié dès
le mois de Mars 1725, a été prié d'en continuer l'exercice juſqu'au
mois d'Octobre ſuivant : au lieu que l'Accuſé convaincu par le ſieur
Grimod du Fort lors de ſon tranſport ſur les lieux, de differentes prévarications, a été revoqué au mois de May 1724, ſans qu'il ait jamais
été rétabli depuis, parce qu'il n'a pû ſe juſtifier, & que toute la grace
qu'il a pû obtenir, a été de recouvrer ſa liberté, encore ne lui a-t-elle
été accordée que ſous prétexte de maladie.

A l'égard de la fonction de Receveur des Tailles, il eſt vrai qu'elle eſt
exercée pour le Supliant par un Commis qui eſt à ſes gages, parce qu'il
ne peut être à Paris à ſuivre ſes affaires, & faire ſon recouvrement ſur les
lieux ſans le ſecours d'un Commis.

Il eſt encore vrai que le Supliant s'eſt trouvé en arriere pour l'année
1723, mais ce débet a été cauſé par les fauſſetez & les prevarications
de l'Accuſé, & c'eſt ce qui fournit même la preuve du tort qu'elles
cauſent au Supliant, car les années anterieures à 1723 ont été bien payées
& la conduite du Supliant a été auſſi parfaitement juſtifiée. L'exercice
des années poſterieures, ſçavoir de 1725 & de 1727 a été exactement
rempli, ce qui marque que le Supliant a toujours été en regle, & qu'il
n'a ſouffert de dérangement que par le fait de l'Accuſé dont les fauſſetez
y ont donné lieu.

Tous ces faits injurieux reprochez au Supliant, ainſi que ceux de ſu-
bornation que l'Accuſé lui impute, tant des Témoins & des Experts
que des premiers Juges, ſont autant de calomnies dont il eſt en droit
de demander reparation. C'eſt pourtant moins par neceſſité qu'il y a
répondu, parce qu'ils n'ont point de relation à l'accuſation dont il s'a-
git, que par l'envie de juſtifier à la Cour ſa conduite afin de ne laiſſer ſubſiſter contre lui aucun ſoupçon.

Après toutes ces calomnies répanduës gratuitement & ſans preuve
contre le Supliant, l'Accuſé lui objecte qu'il agit ſans interêt pecuniaire
& que le faux qu'il pourſuit ne lui eſt point préjudiciable du côté de

D

la fortune ; il prétend ferieufement le prouver en difant que fi c'eft un Paffavant qu'il a délivré au lieu d'un acquit, cela ne regarde que la Compagnie des Intereffez , & s'il n'a dû donner qu'un Paffavant & que cependant il ait exigé 8 liv. 4 fols, il n'y a que les Particuliers qui ont payé qui feroient en droit de s'en plaindre , parce que le Supliant n'eft comptable que de ce qui eft porté fur fon Regiftre.

Quand cette propofition feroit vraye dans tout fon contenu , l'interêt pecuniaire eft-il donc le feul qui doive faire agir ? Seroit-il moins intereffant pour le Supliant de ne pas fouffrir que Prevoft eût abufé de fa fignature , & qu'il l'eût contrefait pour commettre un vol ? L'Accufé feroit-il moins coupable d'avoir profité par cette voye de la fomme dont il s'eft fait payer ? L'on lui retorqueroit avec raifon l'alternative qu'il oppofe. Si c'eft un acquit qu'il a dû délivrer , pourquoi le déguifer fous la forme d'un Paffavant, & en fe faifant payer des droits ne pas porter fur les Regiftres ce qu'il en a reçu ? Si ce n'eft qu'un Paffavant qu'il a dû délivrer, pourquoi a-t-il fait payer 8 liv. 4 fols qui n'étoient pas dûs ? Dans l'un & l'autre cas c'eft un vol qu'il a fait, auquel il a joint pour le couvrir une fauffeté non moins criminelle , & dont les fuites retombant fur le Supliant, forment un interêt legitime d'en pourfuivre la vengeance.

En effet non-feulement il fe trouvoit ainfi expofé à être déclaré complice de ce vol par la fignature de fon nom appofée au bas de ce Paffavant, pour lequel l'Accufé avoit fait payer des droits , mais il l'étoit encore plus que ce fauffaire ne continuât cette malheureufe pratique qui lui a fait un tort fi confiderable , & qui auroit infailliblement procuré fa ruine entiere. C'eft donc un interêt legitime qui l'anime , & c'eft par neceffité qu'il s'eft vû obligé de fe livrer à une pourfuite qui lui coûte infiniment.

L'Accufé pour fe difculper s'il lui étoit poffible de la fauffeté dont il eft prevenu , employe la prefomption ordinaire , que l'on n'eft point gratuitement criminel. Il foûtient que pour fe perfuader qu'il ait contrefait fur un pareil acte la fignature du Supliant , il faut fuppofer qu'il a voulu fans interêt commettre un crime qui lui étoit inutile.

Il a délivré , dit-il, deux Paffavans dans le même tems , dont un n'eft point figné du nom de *Dudrot*, pourquoi auroit-il contrefait fur l'un la fignature du Supliant, & non fur l'autre ? fi elle étoit neceffaire, pourquoi ne l'auroit-il pas mis fur les deux ? & fi elle étoit inutile, pourquoi l'employer fur aucun ?

Cette difference ne vient felon lui que de ce qu'on lui apporta deux Paffavans en blanc, dont l'un étoit figné *Dudrot*, & l'autre ne l'étoit pas ; mais pour rendre ce fait plus croyable, il a prétendu que le Supliant en laiffoit ainfi plufieurs en blanc, dans le Bureau, & que dans cette matinée du 24 Fevrier, il en figna plus d'une vingtaine ; il ajoûte même qu'il a bien reconnu celui en queftion délivré à Defprez, pour l'avoir vû figner au Supliant , & c'eft ce qu'il a prefque toûjours foutenu.

Il n'eft pas neceffaire pour répondre à ce moyen d'entrer dans la difcuffion fi un Paffavant, pour être valable, devoit être figné du Receveur & du Controlleur des Traites. Quand il n'auroit fallu que la fignature d'un des Employez, & quand ce ne feroit ici qu'un fimple Paffavant qu'il auroit dû délivrer, il ne feroit pas pour cela excufable d'y avoir contrefait la fignature du Supliant; mais ce qui le rend doublement coupable, c'eft que ce n'eft pas un fimple Paffavant qu'il a dû délivrer à Defprez, c'eft un acquit de payement, pourquoi il a en effet reçû de lui huit livres quatre fols, & que d'un côté pour lui faire croire que c'étoit un acquit valable, il l'a foufcrit du nom du Supliant, pendant que de l'autre, pour déguifer fon vol, il ne lui a réellement donné qu'un fimple Paffavant au lieu d'un acquit, dans lequel il a encore fuppofé que le cheval avoit été acheté à Guife, contre la déclaration que Defprez lui avoit faite de l'avoir acheté au Cafteau.

S'il n'a figné le nom du Supliant, qu'au bas de celui délivré pour Defprez, & non à l'autre, c'eft parce que cet homme prefent infifta pour lui en particulier à ce qu'il n'obmît rien pour que tout fût en regle, & qu'il ne lui arrivât point de chagrin, au lieu qu'il n'eut pas la même attention pour celui qui étoit abfent.

Ce qu'il impute au Supliant d'avoir été dans l'habitude de figner des blancs non remplis, & de les laiffer dans le Bureau, n'a pas d'apparence. Ce qu'il ajoûte que cette matinée, il en figna ainfi plus d'une vingtaine, eft détruit par le fait même que celui delivré pour Gauvin ne fe foit point trouvé foufcrit du nom du Supliant; au refte fa prétenduë reconnoiffance de celui délivré à Defprez, qu'il affirme avoir vû figner le matin par le Supliant, eft une affectation qui pour trop vouloir prouver fe tourne contre lui; car à quelle marque à-t'il pû ainfi le reconnoître, pour avoir été figné le matin, & ne l'avoir point été de la veille ou dans un autre tems? Cette affurance avec laquelle il le dit, eft précifément ce qui fait qu'il n'eft pas croyable.

L'Accufé fait enfuite valoir fa prétenduë juftification, lors de l'examen fait de fa conduite par le fieur Grimod du Fort.

L'on a dèja répondu que cette prétenduë juftification a été bien imparfaite puifqu'elle ne s'eft bornée qu'à ne point faire d'inftruction judiciaire, & à lui rendre fa liberté, fans le remettre dans l'exercice d'aucun Emploi. Si l'on avoit inftruit judiciairement les faits qui ont été verifiez par le fieur Grimod du Fort, il n'en auroit pas été quitte à fi bon marché que de perdre feulement fon Emploi. Mais c'en étoit en quelque forte affez pour les Interreffez que de fe débarraffer d'un tel fujet, fans être obligez de faire les frais d'une Procedure criminelle. D'ailleurs il a été expliqué comment il étoit parvenu par le credit d'un Protecteur qu'il avoit furpris à obtenir cette liberté, fur le faux expofé d'une maladie dangereufe, d'où il ne fçauroit jamais conclure que parce que l'on étoit en droit de le pourfuivre, & que l'on ne l'a pas pourfuivi, on ait reconnu fon innocence, qu'il auroit fallu en ce cas recompenfer par quelque Emploi.

Après avoir fait un portrait du Supliant, auffi faux qu'injurieux, & s'être au contraire dépeint contre la verité, comme un innocent perfecuté, l'Accufé vient à difcuter les dépofitions des témoins entendus dans l'information, foit par des reproches qu'il propofe contre eux, foit par la critique du contenu en leurs dépofitions.

Cette difcuffion eft ce qui a dû fe faire à la confrontation, lors de laquelle il y a lieu de croire, que les témoins en soutenant la verité de leurs dépositions auront refuté ses reproches & ses objections. Mais comme l'Accusé prend soin lui-même dans une Requête imprimée & signifiée le 7 Aoust present mois, d'en rappeller, ce qu'il a jugé à propos, il est necessaire d'y répondre, ainsi qu'à ce qu'il a opposé dans sa Requête du 14 Avril dernier.

Il trouve mauvais que le sieur Desforges premier témoin de l'information du 6 May 1724, qui en sa qualité de Subdelegué à Guise, n'avoit aucune inspection sur les Employez aux Traites, se soit mêlé de retirer le Passavant en question des mains de Desprez, & qu'il l'ait remis au Supliant, il lui reproche d'un côté son credit dans le lieu, & de l'autre une intelligence & une amitié avec le Supliant, qui le rendant selon lui auteur de l'accusation & de la procedure, ou en quelque sorte dénonciateur, l'excluent d'être témoin.

Mais il fournit lui-même la réponse à ce reproche dans le tems qu'il veut l'augmenter. C'est que Desprez étoit Fermier de la mere du sieur Desforges. Il n'est pas étonnant que Desprez se soit addressé à lui pour sçavoir si le Passavant en question le mettoit en sûreté, qu'il lui ait confié ses interêts & ce même Passavant. Il n'a pas été besoin pour cela de credit, non plus que d'inspection sur les Employez aux Traites; à l'égard de la remise que le Sr. Desforges en a faite au Supliant, il n'auroit pû la lui refuser, mais quand il l'auroit prevenu pour le mettre en état de se garantir à l'avenir de pareilles entreprises contre lui, quel mal y auroit-il en cela? il ne seroit pas pour cela ni accusateur ni dénonciateur, autrement il faudroit dire que tous ceux qui aident à découvrir le crime & le coupable, sont ses Parties secrettes, & qu'ils ne peuvent plus rendre témoignage de la verité contre lui, ni instruire la Justice des faits qui sont venus à leur connoissance.

Si cette maxime pouvoit être admise, il n'y a point de criminel qui pût craindre d'être jamais convaincu, il écarteroit toujours les dépositions de ceux qui feroient le mieux instruits des faits & qui auroient donné lieu à les découvrir.

Quoique le sieur Desforges sur le fait particulier de la signature du nom du Supliant n'ait pû deposer que de ce qu'il avoit ouï dire à Desprez qu'il l'avoit vû faire à l'Accusé; il ne s'ensuit pas que sa déposition ne doive être comptée que pour une avec celle de Desprez, parce qu'il y a d'autres faits qui lui sont personnels, tels que d'avoir fait faire des démarches pour assoupir cette affaire, ce qui marque qu'il ne cherchoit pas à faire de la peine à l'Accusé.

L'Accusé prétend qu'il n'est pas vrai-semblable qu'il eût refusé de rendre les 8 l. 4 s. s'il s'étoit senti coupable, & que c'est par consequent ce qui doit assurer son innocence.

C'en est une assez mauvaise preuve, ainsi que celle qu'il a si souvent employée, tirée de la démarche qu'il a faite de se remettre dans les prisons, & de la confiance qu'il fait paroître. Tout cela est bien équivoque; car il n'est que trop ordinaire que le coupable, comptant toûjours éviter la conviction & se soustraire à la peine, paroisse au-dehors ne rien craindre, qu'il refuse souvent de faire dans un tems un aveu humble qui auroit pû le sauver, & qu'il porte par une mauvaise politique la hardiesse où il a tout à craindre. C'est l'effet trop ordinaire de l'habitude dans le crime de donner

cette

cette hardieſſe temeraire qui n'eſt fondée que ſur la connoiſſance qu'a le coupable, d'en avoir commis d'autres qui ſont demeurez impunis.

L'Accuſé fait tous les efforts imaginables pour écarter la dépoſition de Deſprez, & il faut convenir qu'il auroit grand interêt d'y réuſſir; car rien ne peut être plus convainquant que le témoignage de celui qui lui a vû commettre le faux, qui atteſte l'avoir vû ſigner le nom du Supliant ſur le Paſſavant, dont eſt queſtion, & qui ſans doute le lui aura ſoûtenu à la confrontation; il eſt rare qu'en matiere de faux l'on trouve des témoins oculaires, & lorſqu'un pareil témoignage, quoique ſeul, eſt aidé d'autres indices & ſoûtenu d'un rapport d'Experts qui s'y trouve conforme; il en réſulte une preuve complete, qui ne laiſſe plus de doute ſur la conviction. C'eſt ce qui porte l'Accuſé à s'élever, comme il fait, & contre le témoin, & contre ſa dépoſition.

Il prétend d'abord que l'on ne doit y avoir aucun égard, parceque cette dépoſition doit être regardée comme une plainte ou une dénonciation, & que les plaignans ne peuvent être témoins dans leur propre fait.

C'eſt une fauſſe idée que l'Accuſé voudroit inſinuer, qui ſe détruit par deux Réponſes bien ſimples: l'une, que la dépoſition de Deſprez ne peut jamais paſſer ni pour plainte, ni pour dénonciation, puiſqu'elle eſt poſterieure à la plainte renduë par le Supliant qui eſt ſeul partie, & qu'elle n'eſt venuë qu'en conſequence de la permiſſion d'informer, & dans l'information pour laquelle Deſprez a été aſſigné.

La ſeconde Réponſe, c'eſt que l'on ne peut avoir un meilleur témoin que celui avec qui le fait s'eſt paſſé, & quoique ce ſoit à ſon préjudice, en exigeant de lui un argent qu'il ne devoit pas, cela ne l'exclud point d'être témoin, ſur tout s'agiſſant de concuſſion; car ce ſont ceux en pareil cas, ainſi qu'en matiere d'uſure, contre qui elle a été commiſe, qui ſont entendus & qui font preuve, même quand ils ſeroient les plaignans & les parties.

C'eſt auſſi ce qui répond à ce que l'Accuſé ajoûte que Deſprez eſt réellement Partie intereſſée pour la reſtitution des 8 l. 4 ſ. qu'il dit lui-même avoir ſollicitée, ſans l'avoir obtenuë, enſorte que c'eſt le défaut de cette reſtitution qui l'a déterminé à faire remettre au Supliant le Paſſavant en queſtion.

Il eſt indifferent que Deſprez eût tenu caché le crime de l'Accuſé s'il lui avoit rendu ſes 8 l. 4. ſ., ou ſi en reprenant ce Paſſavant il lui eût donné un acquit de ce qu'il avoit payé, & que ce ſoit ce motif qui l'ait déterminé à manifeſter le vol & la fauſſeté pratiquées par l'Accuſé. Il ſuffit que la Juſtice en ait connoiſſance par quelque voye que ce ſoit. C'eſt un crime public qu'elle doit venger. La ſomme modique de 8 l. 4 ſ. n'eſt pas l'objet auquel il faille s'arrêter; Deſprez ne demande pas qu'elle lui ſoit renduë, & convenant qu'il étoit dû des droits d'entrée, qu'il a voulu acquitter pour un cheval acheté en païs étranger, il s'exclud lui-même de la pouvoir prétendre, loin de ſe préparer une action en reſtitution; mais quand il ſeroit dans le cas de former cette action, & qu'il y auroit même conclu, ſon témoignage n'en ſeroit pas moins admis, & ne feroit pas moins preuve, parce que c'eſt un témoignage neceſſaire.

Ainſi le prétendu ſilence de Deſprez contre ces reproches faits à la confrontation ne peut rien conclure ; il n'a pas eu befoin de denier ce qui étoit évidemment faux, qu'il fût partie de l'Accufé ; fon filence en ce cas ne peut paffer pour un aveu ou un confentement préfumé , & ce n'eft pas par d'auffi frivoles préfomptions que l'Accufé peut détruire une dépofition précife, foûtenuë lors de la confrontation, de l'avoir vû écrire les deux fignatures , *Dudrot & le Prevoft*, au-bas du Paffavant en queftion, & que c'eft de lui prefent, dont il a entendu parler, à quoi il faut encore ajoûter qu'il n'a pû foûtenir cette propofition , qu'en répondant à l'Accufé que tous les faits par lui oppofez n'étoient pas véritables , ce qui eft une dénegation fuffifante de tout ce qu'il avoit avancé, pour dire qu'il n'a pas confenti aux reproches qu'il lui avoit fait.

L'Accufé veut faire un crime à ce témoin de ce qu'il a été plus frappé de la fauffe déclaration inferée dans le Paffavant, que le cheval eût été acheté à Guife , que de la fauffeté pratiquée fous fes yeux, en voyant l'Accufé figner le nom du Supliant , & il trouve auffi mauvais qu'il lui ait recommandé de faire fi bien fes affaires qu'il n'en eût point de chagrin.

Il n'y a pourtant rien en tout cela de reprehenfible ; il eft naturel que Defprez ait été plus touché de fon interêt que de toute autre chofe, & qu'en payant à l'Accufé ce qu'il lui demandoit , il lui ait recommandé de bien faire fes affaires ; tout autre que lui auroit pû lui en dire autant, mais ce langage eft encore plus ordinaire dans la bouche d'un payfan, qui ne connoît prefque rien de ce que le Commis lui donne pour fa fureté.

Il n'eft point auffi étonnant qu'il n'ait pas été frappé de la fauffeté pratiquée par l'Accufé, en fignant le nom de Dudrot, parce qu'il le raffura fur ce point , en lui difant qu'il n'en faifoit point d'autres, & que c'étoit pour ne point embaraffer le fieur Dudrot, enforte que cet homme devoit croire , fuivant cette allegation de l'Accufé, que c'étoit feulement une formalité d'ufage qui n'avoit rien de criminel.

L'Accufé veut cependant que de cet entretien, rapporté par Defprez, il y ait lieu de conclure qu'il a voulu frauder les droits du Roi, qu'il auroit partagé avec lui , & il voudroit ainfi le rendre complice de la prévarication qu'il a commife.

Quelle apparence ce reproche peut-il avoir, lorfque Defprez fe prefente pour payer les droits d'entrée, & qu'il paye en effet 8 l. 4 f. à quoi l'Accufé s'étoit reftraint , après luy avoir demandé 1 1 l.

Il eft vray qu'en faifant ce payement il a compofé pour cette fomme avec l'Accufé, qui lui a demandé encore deplus deux chapons ; mais qui ne fçait que tel eft l'ufage des payfans, lorfqu'ils fe prefentent pour acquiter des Droits ? Ils s'imaginent qu'ils font en droit de marchander & de tirer la meilleure compofition qu'ils pourront, & que ceux qui les perçoivent font les maîtres de leur faire meilleur marché que ce qu'ils leur demandent d'abord. L'Accufé a profité de cette idée de Defprez , il lui a d'abord demandé 1 1 l., il s'eft enfuite reftraint à 8 l. 4 f. fans que Defprez en tout cela ait penfé à frauder.

Mais quand il auroit eu ce deffein, il y a une grande difference entre un particulier qui fraude les Droits, & un Commis qui prévarique en détournant les deniers du Roi pour les appliquer à fon profit, & qui pour cela commet une fauffeté en contrefaifant la fignature du Receveur ; l'un ne peut être pourſuivi que civilement, s'il eſt découvert, pour des peines pecuniaires ; l'autre eſt un prévaricateur, qui eſt ſoumis à des peines corporelles & quelquefois même à la peine de mort.

Ainſi Deſprez, dans cette fauſſe ſuppoſition de fraude meditée, ne pourroit cependant être traité comme complice de l'Accuſé ; mais quand il ſeroit poſſible de porter la ſuppoſition juſques là, ſon témoignage feroit encore foi contre l'Accuſé, auquel il a été confronté, étant certain que la conviction ſe tire contre les complices de ce qu'ils ſoûtiennent les uns contre les autres à la confrontation.

L'Accuſé qui veut que Deſprez ne ſoit pas de bonne foi, prétend exciter la défiance contre lui, parce qu'ayant été, dit-il, recolé à Guiſe, il n'a rien ajoûté à ſa dépoſition, aulieu que lors du recolement fait en la Cour il y a augmenté ; ſurquoi forcé de convenir qu'attendu la nullité prononcée du premier recolement, il ne peut être pourſuivi comme faux Témoin, il ſoûtient cependant qu'il a fait lors de ce premier recolement un faux ſerment, & qu'ainſi l'on ne doit plus faire de fondement ſur ſa dépoſition.

L'Accuſé a été beaucoup plus inſtruit qu'il ne devoit l'être de la procedure ſecrete faite à Guiſe ; car ne s'étant point repreſenté pour la confrontation à Guiſe, où a-t-il pû voir le recolement qui y avoit été fait ? Le Supliant n'en ſçait pas ſi bien le détail, & ſi Deſprez lors de ce premier recolement avoit ou n'avoit pas ajoûté à ſa dépoſition, mais ce premier recolement ayant été déclaré nul, le Témoin a été libre lors du recolement fait en la Cour d'augmenter ou de diminuer à ſa dépoſition. L'Accuſé eſt forcé d'en convenir ; & c'eſt auſſi la ſuite des diſpoſitions de l'Ordonnance, qui ne diſtingue point ſi le recolement eſt fait bientôt après la dépoſition ou long-tems après. Outre cela quoique l'Accuſé diſe que cette augmentation eſt de faits eſſentiels, il n'oſe cependant en rapporter aucun. L'on eſt au contraire perſuadé qu'il ne ſe trouvera rien dans le recolement que ce qui eſt en ſubſtance dans la dépoſition, que ce ſera ſeulement quelque explication plus étenduë de quelque circonſtance contenuë dans la dépoſition.

Il ſe plaint enſuite que ce Témoin n'ait dépoſé que de ſon Paſſavant en particulier, ſans parler de celui de Gauvin pour lequel il s'étoit chargé de prendre un acquit en même tems que le ſien, d'où il conclut que l'obmiſſion de cette circonſtance qu'il ne pouvoit ignorer, doit le faire regarder comme un faux Témoin.

Il eſt ſurprenant que l'Accuſé prétende ſe faire ſerieuſement un moyen de ce que ce Témoin n'a dépoſé contre lui que de la moitié du délit. S'il avoit obmis quelque circonſtance à lui connuë à la décharge de l'Accuſé, il pourroit lui en faire un reproche, & c'eſt dans ce ſens qu'un Témoin, qui cache la verité en diſſimulant exprès des faits qu'il ſçait & qui changent totalement l'action, peut être regardé comme un faux Témoin, parce qu'alors il veut faire regarder comme coupable celui qu'il ſçait être innocent : mais qu'un Témoin n'ayant dépoſé que de ce qui le concerne, n'ait pas dit que l'Accuſé a encore prevariqué de la même maniere à l'égard d'un autre, il ne ceſſe pas d'être un Témoin digne de foi. C'eſt preciſément le cas où Deſprez s'eſt trouvé, il a dépofé du Paſſavant qui le concernoit en particulier , ſans ſe croire obligé à parler de celui de Gauvin ; & d'ailleurs comme c'eſt le même fait d'une prevarication pareille , cela ne pouvoit rien changer au corps de délit.

Après avoir taxé Deſprez de faux témoignage, l'Accuſé lui impute encore d'avoir voulu profiter des droits ſur Gauvin par qui il s'eſt fait rendre 4 liv. 4 ſols.

Le Supliant ne ſçait point ce qui s'eſt paſſé entre Deſprez & Gauvin. La ſeule preuve de ce payement fait par ce dernier à Deſprez de 4 liv. 4 ſols, n'eſt ſuivant l'Accuſé même, que dans la dépoſition unique de Gauvin; aucun autre Témoin n'en parle ni par oüi dire ni autrement. Mais quand cela ſeroit, que s'enſuivroit-il ? Qu'ils auroient ſuporté par moitié le payement des droits, & que Deſprez ſe feroit fait rembourſer par Gauvin de ce qu'il auroit avancé pour lui. Quel mal y auroit-il en cela , s'il a été chargé comme le dit l'Accuſé, d'acquiter les droits pour Gauvin, de même qu'il vouloit les acquiter pour lui ?

Tous les raiſonnemens que fait l'Accuſé à ce ſujet , ne ſont pas mieux fondez. Il n'y a pas d'apparence qu'il eût délivré pour rien un Paſſavant au lieu d'acquit pour Gauvin ; il n'étoit pas homme à faire grace des droits, ni à faire une pareille remiſe qui ne lui auroit pas profité. D'ailleurs Deſprez auroit bien plus eu lieu de ſe récrier s'il lui avoit tout fait payer pour lui & rien pour Gauvin. Deſprez ayant payé les droits pouvoit reſter tranquile & croire qu'il étoit en ſûreté, ou que ſi l'on vouloit l'inquieter, il auroit un recours certain contre l'Accuſé. Cependant ayant appris que l'on pouvoit encore lui faire de la peine, il s'eſt donné bien des mouvemens pour faire remettre les choſes en regle , & il ne devoit pas juſques-là laiſſer Gauvin dans l'embarras, ni lui rendre un Paſſavant qui ne faiſoit pas ſa ſûreté. Il n'y a point dans toute cette conduite de myſtere ni d'intrigue qui le rende criminel ni qu'on puiſſe reprocher à d'autres qu'à l'Accuſé.

Il n'eſt pas plus raiſonnable de prétendre que pour frauder les droits, Deſprez a fait une fauſſe déclaration ; il n'eſt pas poſſible que ce ſoit Deſprez qui ait fait celle qui eſt écrite dans le Paſſavant en queſtion, qu'il eût acheté ſon cheval à Guiſe de Gerard Godard qui avoit acquité les droits la veille au N°. 484 , on l'a démontré dans le fait par la teneur des Regiſtres des Portes de Guiſe qui ſont produits par la Requête du Supliant du 30 Juillet dernier. La ſeule mention de l'acquit fait par Godard au N°. 484 du Regiſtre, qui eſt inſcrite dans ce Paſſavant fait une preuve ſans replique que cette déclaration eſt l'ouvrage de l'Accuſé ; car il n'y a que lui qui pouvoit ſçavoir cet acquit & ce Numero par les Regiſtres. Deſprez étoit hors d'état de faire une pareille mention; ainſi voilà une preuv litterale contre l'Accuſé qui pour prendre trop de précautions pour cacher ſa prevarication, s'eſt ainſi découvert lui-même.

Après cela toutes les conſequences qu'il tire contre Deſprez d'avoir ſupoſé les faits dont il a dépoſé, & entr'autres la fauſſeté du Paſſavant en queſtion pour ſe mettre à couvert des recherches que l'on auroit pû faire contre lui, lorſqu'on ſe ſeroit apperçu de la fauſſeté de ſa déclaration, tombent d'elles-mêmes, ou plûtôt ſe retorquent contre lui, puiſque

c'eſt

c'eſt lui qui a inſeré contre ce que Deſprez lui avoit dit cette fauſſe déclaration dans le Paſſavant en queſtion.

Deſprez lui avoit déclaré avoir acheté ſon cheval au Caſteau, & lui
avoit payé pour les Droits huit livres quatre ſols ; au lieu de cela, il écrit
que le cheval a été acheté à Guiſe, & que c'eſt un de ceux acquittez en
plus grand nombre par Gerard Godard, au N°. 484. C'eſt donc lui qui
a ſuppoſé cette déclaration pour couvrir ſon vol, & qui expoſoit en même tems Deſprez à une recherche injuſte, ſi le fait de la fauſſeté commiſe par l'Accuſé en contrefaiſant la ſignature du Supliant, n'eût été découvert.

Dans une derniere Requête ſignifiée par l'Accuſé le 11 Août dernier,
il s'efforce d'affoiblir par differens raiſonnemens, les inductions qui reſul-
tent des Regiſtres qui ont été produits ; l'on ne ſuivra pas tous ces raiſonnemens qui conſiſtent à faire valloir dès poſſibilitez vagues ſur la ſortie de
Gerard Godard qui peut, dit-il, être ſorti avec moins de quatre chevaux,
quoique cela ſoit écrit ſur le Regiſtre de la porte de ſortie, qui peut en avoir
vendu ſur ſa route avant d'entrer dans Guiſe, & en avoir acheté d'autres
ſur la même route ou dans Guiſe même, ſur quoi l'on fait grand nombre
d'hypotheſes, qu'il ſeroit trop long de refuter en détail, mais contre leſquelles l'on ſe contentera pour toute réponſe, de faire quelques obſer-
vations.

La premiere, c'eſt que Deſprez eſt un Fermier ou Laboureur, auquel
il ne convenoit pas d'acheter pour la culture de ſes terres un cheval d'Hollande d'un prix très-conſiderable, tels qu'étoient ceux de Godard. Ces
ſortes de Chevaux ne ſont que pour les Carroſſes ou pour la Cavalerie,
& il n'eſt point d'uſage en Picardie, ni même ailleurs, que les Labou-
reurs ſe ſervent de tels Chevaux qui vallent au moins quatre ou cinq cens
livres. Ceux qu'ils achetent ſont des Chevaux communs du Pays, depuis
ſoixante ou quatre-vingt livres, juſqu'à cent ou cent vingt livres au plus.

Pour ces ſortes de Chevaux d'un prix mediocre, lorſqu'un Particulier
en achete un pour ſon uſage dans une Foire, on ne l'oblige point à prendre d'Acquit à Caution, il n'y a que les Marchands qui en font commer-
ce & qui les conduiſent en troupe, que l'on oblige d'avoir des Soumiſſions
ou Acquits à Caution ; mais à l'égard d'un ſimple Payſan qui achete un
Cheval en Foire, ſurtout lorſqu'il demeure dans le voiſinage, & qu'il ne
paſſe point la Riviere, on ſe contente de la déclaration qu'il en fait à quelques-uns des Gardes, qui y ſont pour examiner ce qui s'y paſſe, & l'on
ne l'empêche point de le conduire chez lui dans le Village où il habite,
d'où il vient enſuite au Bureau faire inſcrire ſa déclaration dans les vingt-
quatre heures, & acquiter les droits ſuivant l'Ordonnance.

Il n'y a rien en cela d'abuſif, comme il n'y a point d'inconvenient à
en craindre, parce que cela ne peut être ignoré, tant par les Gardes qui
ſont répandus dans les Villages circonvoiſins du Bureau, que par ceux
qui ont été en Foire, enſorte que s'il ne venoit pas y ſatisfaire, l'on ſeroit
en droit d'aller faire une ſaiſie chez lui faute de payement des Droits.

C'eſt apparemment auſſi de cette maniere que les choſes ſe ſont paſſées à l'égard de Deſprez. Il a acheté un Cheval à la Foire du Caſteau,
il l'a conduit chez lui après l'avoir déclaré aux Gardes, qui le lui avoient

F

vû acheter. Le Village d'Equeherries où il habite n'est éloigné du Casteau que de deux lieuës & demie, & il y auroit de la dureté sans aucun avantage à obliger un Habitant de ce Village d'amener son Cheval à Guise & de l'y faire entrer pour le remmener ensuite. Desprez est venu le lendemain à Guise pour en acquitter les Droits, & en cela, il ne faisoit point un voyage inutile quoique son Cheval ne fût point à Guise, mais qu'il fût rendu chez lui, parce que sans cela il auroit eu à craindre la saisie de la part des Gardes qui avoient connoissance de son achat, & c'est aussi par cette raison qu'il a recommandé à Prevôt de faire si bien ses affaires qu'il n'en eût point de chagrin.

La preuve que cela doit s'être passé de cette maniere, c'est que l'on ne voit point sur les Registres des Portes que Desprez ait fait entrer dans Guise, ni sortir de Guise aucun Cheval, & qu'il est cependant certain qu'il s'est presenté au Bureau, ainsi que l'avouë l'Accusé, qui lui a délivré un Passavant au lieu d'Acquit, suivant lequel si le Cheval avoit été dans Guise comme il le prétend, il auroit fallu qu'en sortant les Gardes eussent mis le vû sortir qui ne s'y rencontre point, & qu'ils en eussent chargé leur Registre, & c'est apparemment ce que l'Accusé lui promettoit, de faire viser ce Passavant par un Garde, après quoi il n'auroit plus rien à craindre.

Ainsi l'induction que l'Accusé veut tirer de ce que les Registres de la Porte d'Entrée ne sont chargez d'aucun article, où il paroisse que Desprez le 24 Fevrier ou les jours precedens ait fait entrer aucun Cheval dans Guise, d'où il conclud ou que Desprez l'avoit acheté dans Guise, ou qu'il l'y avoit fait entrer en fraude, ne peut se soutenir, puisque l'on ne voit aussi sur les Registres aucun article où il paroisse qu'il en ait fait sortir le 24 Fevrier, ni les jours suivans, & c'est au contraire ce qui montre que tout s'est passé de bonne foi de la part de Desprez suivant l'usage ordinaire qui se pratique pour l'achat de semblables Chevaux, & par consequent que Desprez n'est ni faux témoin, ni fraudeur.

Une seconde Observation c'est que tout le gain que Desprez auroit fait en achetant un cheval d'Hollande, c'auroit été d'éviter les 4 s. pour livre des droits d'entrée, c'est-à-dire, environ 36 sols; mais quelle apparence y a-t-il que pour éviter un semblable droit & aussi modique un paysan achete un cheval de 4 ou 500 livres, pour mettre à sa charruë, au lieu d'un de 60 ou 80 livres, on ose dire qu'il n'y a pas en cela de bon sens, & que cela seul détruiroit la supposition que l'Accusé impute à Desprez.

Une troisiéme & derniere Observation, c'est que de tous les raisonnemens que l'Accusé fait, sur les Registres des portes qui ont été produits, pour insinuer que la déclaration inserée dans le Passavant, est celle que Desprez lui a faite, il n'y en a aucun qui réponde à l'induction tirée de la mention faite dans le Passavant du N°. 484 du Registre, qui ne peut avoir été connu que de l'Accusé, & qui prouve que c'est lui qui est l'auteur de cette déclaration qu'il a supposé contre la vérité être faite par Desprez.

Ainsi la maxime qu'il debite que l'on ne rend point un Commis responsable de la fausseté des déclarations qui lui sont faites, parce qu'il est obligé de les rediger telles que l'on les lui donne, n'a point ici d'application, puisqu'il est évident que celle dont est question est son propre ouvrage, qu'il n'a pas écrit celle qui lui a été faite par Desprez ; mais que c'est lui qui pour couvrir son vol a imaginé cette fausseté, qu'il a voulu assurer par le N°. du Registre qui sert à le découvrir, parce qu'il n'y avoit que lui qui en pût avoir connoissance.

L'Accusé oppose encore à la déposition de Desprez celle de Gauvin qu'il prétend y être contraire, & il a eu soin de faire imprimer dans sa Requête signifiée le 7 Aoust dernier celle de ce dernier témoin, avec une partie de son recollement & de la confrontation.

Suivant cette Copie imprimée, la déposition de Gauvin, loin de lui être favorable, ne laisse pas de faire charge contre lui. 1°. Elle assure le fait que Desprez le 22 Février 1724 avoit acheté son cheval à la Foire du Câteau ; 2°. Qu'il n'a fait rendre à Gauvin à 2 sols près que la moitié des 8 l. 4 sols, qu'il a déposé avoir payez à Prevost ; 3°. Que Prevost outre cette somme qu'il avoit reçuë, avoit encore demandé une gratification de deux chapons.

Quoique dans la suite & lorsque ce témoin lui en a parlé il ait voulu feindre & dire que ce n'étoit pas lui que cela concernoit ; il n'est pas moins vrai qu'il les avoit demandez, & ce n'est que parceque cette affaire commençoit à faire du bruit qu'il a voulu se déguiser.

Quelle apparence, en effet, s'il n'avoit été question que d'un simple Passavant, qui doit s'expedier gratis sauf un sol pour le papier, que Gauvin qui avoit déja payé quatre livres 4 sols, eût été de son propre mouvement lui offrir deux Chapons, par reconnoissance de lui avoir delivré ce Passavant. Il est cependant certain de l'aveu même de l'Accusé, qu'il l'est allé trouver pour l'assurer qu'il les lui donneroit & il n'y auroit assurément pas été, s'il n'avoit été averti qu'il demandoit encore cette gratification, sans laquelle il craignoit qu'à quelque occasion il ne pût lui faire de la peine dans la suite.

Au reste l'Accusé n'est pas exact dans cette Requête du 7 Août, lorsqu'il prétend avoir refusé ces deux Chapons, en disant à Gauvin qu'il n'étoit rien dû pour le Passavant. En cela il se contredit, avec ce qu'il a avoüé lui-même dans son interrogatoire subi devant M. Hatte, qu'il répondit à Gauvin *qu'il étoit le maître de les lui envoyer*, & il ajoûte seulement pour s'excuser qu'il ne les a pas exigez, ce qui est convenir au moins qu'il les avoit demandez ; en effet, l'on sent bien dans ce langage, quel est le point de verité, auquel il faut se fixer sur le fait de ces deux Chapons, & il seroit inutile d'en dire davantage à cet égard.

Au surplus cette déposition de Gauvin, quoiqu'elle contienne un fait qui lui est particulier & different de celui de Desprez, n'y est point contraire, elle n'établit ni fraude, ni faux témoignage contre Desprez, & par consequent elle ne la détruit point.

Enfin l'Accusé oppose à la déposition de Desprez qu'il est seul témoin des faits dont il dépose, & qu'un témoin unique ne fait point preuve, ce qu'il appuye de differens Passages de l'Ecriture Sainte ou des Loix, d'où se tire la maxime vulgaire, *unus testis, nullus testis*.

Il a dèja été répondu à cette Objection, qu'elle n'est pas absolument vraye dans le fait, car les autres témoins entendus dans l'information, quoiqu'ils ne déposent pas *de visu* de la fausseté en question, mais seulement par oüy-dire, ne laissent pas de faire preuve de ce même fait, qu'ils atteſtent par differentes circonſtances, qui leur ſont particulieres, & qui le rendent en quelque ſorte un fait notoire & public.

D'ailleurs quand toutes ces dépoſitions ſe réüniroient en une ſeule, il ne s'enſuit pas que l'on ne doive pas y avoir égard, ni que cette dé-poſition que l'on veut faire regarder comme unique, dût être rejettée, & c'eſt la ſeconde réponſe à l'objection de l'Accuſé.

En effet un Témoin, qui dépoſe auſſi préciſement que fait Deſprez, d'un fait qu'il a vû ſe paſſer ſous ſes yeux, & qui le ſoûtient à l'Accuſé à la confrontation, s'il ne fait pas ſeul une preuve complete fait au moins une ſemi-preuve & un indice très-conſiderable. Si l'on étoit curieux de cita-tions, l'on ne manqueroit pas auſſi de paſſages qui aſſûrent cette verité, & que dans pluſieurs occaſions c'en eſt aſſez pour donner lieu d'appliquer à la Queſtion, mais l'on ne croit pas qu'il ſoit beſoin d'atteſter une ma-xime certaine & ſuffiſamment connuë.

Cette ſemi-preuve, ou ſi l'on veut ſeulement cet indice, par lui-même d'un très-grand poids, acquiert tout le credit d'une preuve complete, lorſqu'il ſe réunit à une preuve, comme dans l'eſpece il ſe réunit à la preuve par comparaiſon d'écritures, & lorſque les Experts, qui en cette matiere ſont preſque les ſeuls Témoins que l'on puiſſe avoir, atteſtent unanimement comme dans l'affaire preſente la fauſſeté pratiquée par l'Ac-cuſé.

Ces deux preuves jointes enſemble s'entr'aident mutuellement. L'une communique de la force à l'autre. L'on connoît par la verification des Experts la verité de la dépoſition du Témoin & par le témoignage de ce qu'il atteſte avoir vû ſe paſſer en ſa preſence, le rapport des Experts ne peut plus paſſer pour une conjecture incertaine, mais il doit être re-gardé comme une preuve indubitable.

Cette ſeconde preuve tirée de la verification faite par les Experts, forme ici une conviction d'autant plus certaine contre l'Accuſé, qu'il fait plus d'efforts pour la combattre & pour obtenir qu'il ſoit procedé à nouvelle verification ſur de nouvelles pieces de comparaiſon.

Il prétend d'abord affoiblir en general la preuve par comparaiſon d'é-critures, comme ne pouvant former qu'une opinion ou un indice, & ne meritant pas le nom de preuve au moins en matiere criminelle où il en faut de plus claires que le jour, & à cette occaſion il débite quan-tité de maximes en faveur d'un coupable, qu'il vaut mieux laiſſer impuni, que de s'expoſer au danger de condamner l'innocent.

Sans s'arrêter à réfuter tous les doutes que l'Accuſé veut répandre contre la preuve par comparaiſon d'écritures, il ſuffit de dire que c'eſt preſque toujours la ſeule que l'on puiſſe avoir en matiere de fauſſe ſigna-ture, & qu'elle eſt admiſe comme preuve par tous les articles de l'Or-donnance de 1670, au Titre du crime de faux tant principal qu'incident, dont le premier article qui concerne l'accuſation de faux principal dit que les informations ſeront faites tant par Témoins que par Experts, & le quatriéme décide que c'eſt cette comparaiſon & reconnoiſſance d'écritures qui ſera admiſe pour la preuve du faux principal ou in-cident.

L'Accuſé forme enſuite differens reproches contre la verification
qui

qui a été faite à Guise de la signature du nom du Supliant appofée au bas du Paſſavant en queſtion, il prétend qu'avec le ſecours de ces objections les rapports des Experts doivent être déclarez nuls, & qu'il y a lieu d'ordonner en la Cour une nouvelle verification, à quoi il conclut tant par ſa Requête du 14 Avril que par celle du 7 Août dernier.

L'on pourroit ſe contenter pour toute réponſe de lui dire avec verité que cette demande a déja été proſcrite plus d'une fois en la Cour, ainſi que les prétenduës nullitez de la procedure ſur laquelle il prétend l'appuyer. En effet il avoit propoſé toutes ces nullitez lorſque la Cauſe a été portée à l'Audiance au mois de Janvier dernier. Pour s'en convaincre il n'y a qu'à lire entr'autres la Requête qu'il avoit preſentée le 10 Décembre 1727 où il demandoit que la verification faite à Guiſe fût déclarée nulle, & où il la combattoit par les mêmes moyens qu'il employe aujourd'hui. Cependant par l'Arrêt contradictoire du 4 Février dernier après pluſieurs Audiances de plaidoirie, & ſur les Concluſions de M. l'Avocat general cette verification a été conſervée, & il a été débouté de ſa demande en nullité par rapport à cet objet.

Il a renouvellé ſa prétention par la Requête du 14 Avril dernier, il vouloit qu'il fût dreſſé un Procès-verbal de l'état de la piece arguée de faux & procedé à une nouvelle verification. Il employoit même pour prétexte, outre les nullitez qu'il alleguoit, que cela paroiſſoit plus convenable que de faire venir les Experts de Guiſe pour être recolez & confrontez.

La Cour n'a eu aucun égard à cette demande, ſa Requête a été jointe au Procès, & cependant le recolement & la confrontation des Experts ont été ordonnez par un Arrêt du 26 Avril dernier, dans lequel eſt viſée cette Requête du 14 précédent. L'un & l'autre a été fait, & l'Accuſé explique lui-même dans ſes dernieres Requeſtes que les Experts n'ont rien changé à leur avis dans lequel ils ont perſeveré, & qu'unanimement ils lui ont ſoutenu qu'il étoit l'auteur de la fauſſe ſignature du nom du Supliant.

Aprés cela cette verification a acquis un nouveau dégré d'autorité qui doit encore la maintenir davantage ; après qu'elle a eſſuyé toute la contradiction de l'Accuſé à laquelle les Experts ont ſatisfait, il n'eſt plus poſſible de s'en départir, ni de prétendre qu'elle doive être rejettée, pour s'embarraſſer dans la procedure d'une nouvelle verification qui ne peut jamais s'admettre que quand il y a obſcurité ou incertitude dans la premiere.

Ainſi la demande de l'Accuſé ayant été proſcrite deux fois en grande connoiſſance de cauſe par deux Arrêts de la Cour, il ne devoit pas la renouveller, ou dumoins il n'eſt pas poſſible qu'il y réuſſiſſe, & qu'il faſſe juger qu'elle doit être anéantie ou retranchée après qu'il a été jugé deux fois qu'elle devoit ſubſiſter.

Cette fin de non-recevoir qui eſt en effet inſurmontable, ſeroit ſuffiſante contre la prétention de l'Accuſé, mais il eſt aiſé de détruire les moyens dont il veut l'appuyer, & de répondre aux prétenduës nullitez qu'il oppoſe dans ſes Requêtes des 14 Avril & 7 Août dernier.

En premier lieu il objecte que cette verification n'a point été précedée d'un Procès-verbal dreſſé par le Juge de l'état de la piece arguée de faux, ainſi que le requiert l'article 2 du titre 9 de l'Ordonnance de 1670.

L'on répond que cette formalité introduite par l'Ordonnance comme une précaution ſage pour aſſûrer le corps du délit, n'eſt cependant point ordonnée à peine de nullité, & qu'il eſt encore moins ſtatué qu'elle ne puiſſe être ſuppléée par quelque autre voye qui produiſe le même effet qu'un Procès-verbal dreſſé ſeparément de l'état de la piece; car le but de ce Procès-verbal étant d'aſſûrer la forme de la piece, de telle ſorte que l'on ne puiſſe dans la ſuite la méconnoître ni s'y méprendre, ſi l'on parvient à ce but par une voye équipolente au Procès-verbal, l'on remplit l'intention de l'Ordonnance, & il n'y a aucun prétexte d'arguer le défaut de formalité.

C'eſt ce qui eſt arrivé dans l'eſpece dont il s'agit, où dans la plainte même il a été fait une deſcription ſi exacte de la piece en queſtion, qu'il n'étoit plus poſſible de s'y tromper; en effet dans cette plainte la piece arguée de faux y eſt expliquée dans toute ſon étenduë, & tous les termes eſſentiels de ce Paſſavant s'y rencontrent. Le Juge en recevant cette plainte dont il a donné acte, & en ſe faiſant repreſenter la piece a adopté cette deſcription contenuë dans le corps de la plainte, qui après cela équipole à un Procès-verbal ſéparé qu'il auroit dreſſé de l'état de la piece.

D'ailleurs cette piece a été dépoſée ſur le champ au Greffe par le Supliant. Elle a été paraphée par le Juge & par lui, ainſi que par le Greffier, ſans que depuis ce temps elle ſoit revenuë entre les mains du Supliant. Lorſqu'elle a été portée de la Juſtice de Ribemont au Greffe de l'Election de Guiſe elle a encore été paraphée de nouveau par le Juge de Guiſe, ce qui étoit une nouvelle précaution pour qu'elle ne pût être changée ni alterée.

Il eſt ſi vrai qu'elle ne l'a point été, & que c'eſt la même qui a toujours ſubſiſté dans le même état, que lorſqu'elle a été repreſentée à l'Accuſé dans ſon Interrogatoire à Guiſe le 8 Juin 1726. Il a reconnu non-ſeulement que le corps de la piece étoit écrit de ſa main, & qu'il l'avoit ſignée, mais encore que c'étoit le même Paſſavant qu'il avoit délivré à Deſprez, & il n'a point prétendu que l'on eût depuis ajoûté ou alteré la ſignature du Supliant; cette piece a même été alors entierement & exactement copiée dans cet Interrogatoire qui eſt joint au Procès, & cette copie fidele du Paſſavant en queſtion pourroit encore tenir lieu de Procès-verbal de l'état de la piece, d'autant plus digne de foi, qu'il eſt contradictoire avec l'Accuſé qui a auſſi paraphé alors cette piece, en ſorte qu'il n'eſt pas poſſible d'avoir plus de précautions ni plus de preuves, que la piece remiſe aux Experts pour en faire la verification, eſt vraiment celle qui a donné lieu à la plainte & qui a été arguée de faux.

Outre cela il a encore été dreſſé un nouveau Procès-verbal de cette piece dans celui du 4 Octobre 1727 lors de la preſtation de ſerment des Experts & avant de la leur remettre, ce qui doit diſſiper toutes les craintes ſur l'alteration de cette piece que l'Accuſé voudroit faire naître par le défaut de Procès-verbal de ſon état.

Enfin ce qui ne laisse aucun doute , c'est que depuis la vérification faite par les Experts à Guise , dans l'interrogatoire subi en la Cour par l'Accusé le 10 Mars dernier, il a encore reconnu cette piece qui lui a été representée, pour être la même qu'il a délivrée à Desprez le 24 Février 1724 , & qu'il a soutenu avoir été dans ce temps chargée de la même signature du nom de Dudrot qui s'y trouve en effet, d'autant plus qu'il a soutenu se souvenir de l'avoir vu faire au Supliant dans le Bureau le matin même du jour qu'il l'a délivrée.

En second lieu l'Accusé objecte qu'il y avoit eu cinq Experts de nommez , & que cependant la verification n'a été faite que par quatre , dont l'unanimité ne peut être une raison suffisante de l'absence du cinquiéme, parce qu'il auroit pu les faire revenir à un autre avis que celui qu'ils ont pris ; que d'ailleurs ce nombre une fois fixé par le Juge ne peut être diminué , ce qu'il prétend autoriser de l'exemple du nombre de Juges nécessaires pour former une décision souveraine, qui ne peut être renduë lors qu'ils sont en moindre nombre.

Réponse. Il est vrai qu'il y avoit eu 5 Experts nommez & qu'il n'en a comparu que quatre qui ont prêté serment, & ensuite procedé à la verification ; mais la raison de l'absence de ce cinquiéme Expert est écrite dans le Procés-verbal , c'est qu'il s'est trouvé malade dans le tems qu'il falloit proceder à la verification ; la lettre qu'il a écrite pour s'en exculer inserée dans ce Procès verbal en fait foy. Il n'étoit pas besoin d'autre exoine, & il ne falloit pas le réassigner : d'ailleurs le procès verbal de prestation de serment de ces Experts a été fait contradictoirement avec l'Accusé, ni lui ni son conseil n'ont prétendu qu'il n'y en eût pas assez de quatre , & qu'il fallût remplacer ce cinquiéme.

Ce nombre étoit en effet plus que suffisant , & il n'étoit pas necessaire d'en avoir tant : car l'on ne trouvera point dans l'Ordonnance qu'il en soit requis en si grande quantité , il n'y a aucun nombre défini dans celle de 1670 , & dans celle de 1667 l'on voit que deux seulement sont ordinairement employez , ainsi le nombre de 4 qui restoit , étoit plus que suffisant.

Il se peut faire même que les Juges n'en eussent nommé jusquà cinq que dans la vuë qu'ils fussent encore en assez grand nombre , s'il en manquoit quelqu'un par indisposition ou autrement , ou qu'il y en eût quelqu'un de récusé.

Dès que l'Accusé convient que le nombre des Experts dépend du Juge, c'en est assez pour qu'il ne puisse se plaindre de ce que le Juge s'est contenté de quatre à cause de l'indisposition d'un cinquiéme qu'il avoit d'abord nommé avec les quatre autres. Ce nombre ne devient pas plus necessaire que la personne même nommée, qui peut cependant être changée par les circonstances qui se rencontrent souvent , & qui obligent à ce changement.

L'exemple tiré d'un Arrêt rendu par six Juges au lieu de sept , n'a point de parité ni d'application à l'espece, par deux raisons , l'une que le nombre des Juges pour former un Arrêt étant fixé par les Reglemens est de necessité indispensable , au lieu que le nombre des Experts n'est fixé par aucune Loy. L'autre que les Juges se communiquent dans les opinions , & qu'ainsi un seul peut en faire revenir plusieurs qui paroissoient d'abord d'un avis opposé, ce qui n'a point lieu pour les Experts qui doivent chacun séparément déposer leur avis suivant les observations particulieres qu'ils ont faites.

Il est bon même d'observer que celui des cinq Experts qui a manqué est un Avocat, dont la qualité ou la profession n'indiquent pas qu'il fût le plus propre à un pareil ouvrage ; car quoiqu'il voye fort souvent des écritures, ce n'est pas pour examiner l'écriture en elle-même, ou les traits dont elle est formée, ni dans le point de vuë de comparer des signatures ensemble & d'en découvrir la verité ou la fausseté par cette comparaison. Cet art qui dépend de celui de tenir la plume & de tracer des caracteres, d'en reconnoître les liaisons & les ressemblances ou les differences, n'est pas assurément pour l'ordinaire du ressort de l'Avocat, ainsi cet Expert qui a manqué ne pouvoit passer pour le plus nécessaire.

Il n'en est pas de même des quatre autres qui ont fait la vérification. Deux Notaires dans l'habitude de recevoir des Actes & de voir faire des signatures pouvoient être experts en cette matiere ; & pour les deux autres qui étoient deux Maîtres Ecrivains cela étoit particulierement de leur ressort.

Mais ces quatre Experts de l'aveu de l'Accusé même, sont d'un avis unanime & que la signature est fausse, & que c'est l'Accusé qui est l'auteur de la fausseté. Or cette unanimité des Experts détruit sans ressource son prétendu moyen de nullité tiré de l'absence d'un cinquiéme Expert; car quand il auroit été present & qu'il se seroit même trouvé d'un avis opposé aux quatre autres, que lui auroit servi son suffrage contre leur conclusion unanime ?

Il oppose à cet égard que par des observations plus justes il auroit pu les faire revenir, parce que les Experts doivent, à en croire l'Accusé, se communiquer leurs sentimens, puisque l'Ordonnance porte qu'ils ne feront qu'un rapport, art. 15 du tit. 9 de l Ordonnance de 1670, & art. 13 du tit. 21 de celle de 1667.

Ce cinquiéme Expert par sa profession d'Avocat, n'étoit pas en état de faire des observations plus justes que les quatre autres sur la forme des lettres & de l'écriture : mais outre cela l'on n'a pas fait attention qu'en matiere d'accusation de faux principal, les Experts qui doivent tenir lieu de témoins, doivent aussi faire leurs observations séparément & être entendus séparément ou faire leur rapport en particulier sans qu'ils se communiquent les uns aux autres. C'est la suite de la disposition de l'Ordonnance de 1670 dans l'art. 11 du tit. 8 qui porte, que les pieces de Comparaison & celles qui devront être vérifiées, doivent être données à chacun Expert séparément pour les voir & examiner à loisir.

Dès qu'il est prescrit par l'Ordonnance que les Experts ayent séparément les pieces pour les examiner chacun à loisir, il s'ensuit que cet examen, que chacun en fait, lui est aussi particulier, d'autant qu'il le fait sur la communication qui lui est donnée séparément & avant que les autres en ayent eu une pareille communication. Or l'on ne trouvera point d'article dans l'Ordonnance, qui dise qu'ils doivent se rassembler pour les examiner tous ensemble & en commun. Donc les observations que chacun d'eux fait, lui sont particulieres, & ne peuvent servir à déterminer les autres.

L'on peut même dire, que c'est ce que l'Ordonnance a voulu empêcher en ordonnant cette communication séparée, que l'un ne pût entraîner l'autre, ou par des raisons séduisantes, ou par la négligence de celui qui s'en rapporteroit à l'examen qu'en auroit fait un autre. Quoiqu'il en soit,

dès

dès qu'il est assuré par les termes de l'Ordonnance que la communication doit être faite séparément, il n'est pas possible de dire que les observations du cinquiéme eussent pû faire revenir les autres.

Les articles de l'Ordonnance tant civile que criminelle que l'on allegue pour dire que les Experts devoient se réunir & ne donner qu'un seul rapport, n'ont point d'application lorsqu'il s'agit d'une accusation de faux principal, qui se devant instruire comme tous les autres crimes ne doit pas permettre que les Experts, qui sont regardez comme Témoins & qui doivent en effet aux termes de l'article 12 du titre 8 de l'Ordonnance de 1670 être oüis, recolez & confrontez separément, puissent se communiquer les uns aux autres, moins encore composer ensemble leur ouvrage ou rapport, ce qui seroit en effet concerter ensemble leur déposition.

D'ailleurs quand on voudroit appliquer ici ce qui se pratique en fait de rapports en matiere civile, ce ne seroit pas une nullité que de trouver des rapports separez de plusieurs Experts qui seroient de même avis. L'on ne voit point que l'art. 13 du tit. 21 de l'Ordonnance de 1667 prescrive un seul rapport en cas d'unanimité des Experts à peine de nullité: l'on voit au contraire tous les jours que des Experts quoique de même avis en matiere civile, ne se fondans pas pourtant sur les mêmes moyens, mais chacun sur des observations differentes, ne veulent pas se réünir à faire un seul raport, & que chacun donne le sien separé, sans que l'on ait jamais prétendu que ce soit une nullité.

L'Accusé oppose en troisiéme lieu, qu'ayant contesté les premieres piéces de comparaison, il en a été rejetté quatre des douze qui avoient été presentées, dont huit seulement ont été admises, & il a été ordonné par Sentence du 31 Août 1726, qu'il en seroit apporté d'autres par trois Notaires qui fussent signées de lui & du Supliant, que l'un de ces Notaires n'a point comparu & n'en a point representé, & qu'ainsi l'on ne pouvoit proceder à la verification.

Il y a plusieurs Réponses à cette Objection.

1°. L'on ne voit point que la Sentence du 31 Août 1726, contienne la disposition qu'il lui attribuë, & il ne paroît pas même qu'il ait pû être ordonné que trois Notaires representeroient des piéces signées du Supliant & de l'Accusé, parce que cela n'étoit pas possible; mais il a été ordonné qu'il seroit fourni par le Greffier de l'Election, deux Départemens des Tailles signez du Supliant, & qu'il seroit representé par M^cs. Canard & Dumangeot Notaires, chacun un Acte signé par l'Accusé, d'une datte anterieure au Passavant en question, ce qui remplissoit les quatre pieces qui avoient été rejettées. Cela a été executé, & dans le Procès verbal qui en a été dressé le six Septembre suivant, l'Accusé a reconnu sans contestation ces nouvelles piéces, qui seules auroient été suffisantes & en assez grand nombre, pour que l'on pût proceder à la verification.

2°. Quand il auroit été dit par la Sentence du 31 Août 1726, qu'il seroit encore apporté un plus grand nombre de piéces que celles qui ont été representées, il y auroit lieu de faire la même Réponse que pour le nombre des Experts; sçavoir, qu'il en est demeuré en nombre plus que suffisant pour proceder valablement à la verification pour laquelle il n'y

H

a par l'Ordonnance aucun nombre fixé. En effet n'eſt-ce donc pas aſſez de douze piéces, pour ſervir de comparaiſon, & l'Accuſé peut-il ſe plaindre que ce nombre n'ait pas été ſuffiſant?

3°. Il l'a lui-même conſenti, & il eſt convenu lors du Procès verbal du 6 Septembre 1726, que ſur ces piéces la verification fût faite. Il voudroit effacer ce conſentement, en diſant qu'il avoit auparavant interjetté Appel du Decret & de toute la Procedure. Mais c'eſt préciſement, parce qu'il eſt poſterieur à cet Appel vague & indéterminé, qu'il en devient plus fort, & qu'il ne peut être combattu par des proteſtations contraires, que l'on ſçait bien qu'un Accuſé ne manque jamais de faire à tous les pas de la Procedure qui ſe tient contre lui. Il n'a pas même interjetté alors Appel de la Sentence du 31 Août 1726; mais proteſté ſeulement d'en interjetter Appel, dans le tems même qu'il y acquieſçoit. Ce n'eſt que long-tems après & depuis la Sentence définitive de Contumace qu'il a interjetté cet Appel, ainſi que de tous les autres Jugemens preparatoires & d'inſtruction qui avoient été rendus. Tout cela faiſoit la matiere de la Plaidoirie, lors de l'Arrêt du 4 Fevrier dernier, & comme par cet Arrêt la verification dont il s'agit a été conſervée, il eſt dèja préjugé que ſon Appel de la Sentence du 31 Août 1726 ne peut lui être d'aucun ſecours, d'où il s'enſuit qu'il n'en peut auſſi tirer de l'art. 3. du tit. 25. de l'Ordonnance de 1670 qu'il invoque, d'autant plus que l'application de cet Article n'eſt que par rapport aux incompetences ou renvois requis par l'Accuſé, qui malgré cela auroit été jugé par celui qu'il recuſoit pour Juge.

L'Accuſé oppoſe en quatriéme lieu, que les douze premieres piéces de comparaiſon, dont huit ont été admiſes, ont été répreſentées par le Supliant, & non par le Notaire, qu'ainſi étant entre les mains de l'Accuſateur, elles ne ſont plus autentiques; mais qu'elles ſeroient elles-mêmes ſujettes à reconnoiſſance; d'où il conclut qu'aux termes de l'art. 5. du tit. 8. elles n'ont pû ſervir de piéces de comparaiſon. Il veut enfin rendre ces piéces ſuſpeċtes, parce que ce ſont des Actes paſſez devant Le Cerf Notaire, qui a été entendu comme témoin, & qu'il ſoûtient ne meriter aucune foi, parce que par une Sentence renduë contre lui, il a été convaincu de prévarication dans ſon miniſtere, pour avoir ajoûté après coup une clauſe dans un Acte qu'il avoit paſſé.

Réponſe. Il faut commencer par retrancher ce qui concerne le Notaire chez qui ces Actes avoient été paſſez. Qu'il ait été entendu comme témoin, c'eſt un fait indifferent à l'autenticité de la piéce paſſée long-tems auparavant. Ce que l'on lui a reproché avoir été jugé contre lui, par une Sentence qui ne l'a point interdit de ſes fonċtions, eſt encore ici un fait étranger, d'autant plus qu'il ne s'agit pas du contenu dans les piéces de comparaiſon qui ont été répreſentées; mais de la ſignature du Supliant appoſée au bas de ces piéces, qui étant accompagnée de celle des Notaires devient autentique; & que d'ailleurs, ce n'eſt pas même devant Le Cerf ſeul que ces Actes ont été paſſez.

Après cela, le dépôt que le Supliant a fait de ces piéces au Greffe, ne peut former de nullité & n'a point dû les faire rejetter. Il n'y a point dans l'Ordonnance de diſpoſition qui deffende à la Partie Civile d'apporter les piéces de comparaiſon. Les art. du tit. 9. de l'Ordonnance de 1679, ſemblent bien plûtôt induire le contraire. L'art. 6. porte que les Parties Civiles pourront les fournir, ce qui ne dit pas les indiquer pour être apportées par des Notaires, mais ce qui comprend neceſſairement qu'ils peuvent les repreſenter eux-mêmes, l'art. 10. le porte encore plus expreſſément. Il décide que ſi celles qui ont d'abord été repreſentées ſont rejettées par le Juge, les Parties Civiles ſeront tenuës d'en rapporter d'autres dans un delai qui leur ſera preſcrit.

Elles ne ceſſent pas d'être autentiques, & elles ne deviennent point ſujettes à reconnoiſſance ni à verification pour être repreſentées par la Partie Civile; car elles ne ceſſent pas d'être des Actes originaux qui ont autorité par eux-mêmes, qu'elles ne perdent point pour avoir été entre les mains de la Partie, parce qu'elles ne ſont pas moins autoriſées de la ſignature des Notaires devant qui elles ont été paſſées, d'où ils reçoivent le caractere d'autenticité qui les rend dignes de foi, & qu'elles ne tirent pas de l'atteſtation de celui qui les apporte : ainſi l'art. 5. du tit. 8. qui requiert pour piéces de comparaiſon des piéces autentiques, ne peut être ici oppoſé avec fondement.

C'eſt une idée de dire qu'en ce cas, l'on peut ſoupçonner la Partie de les avoir fabriquées, ou fait fabriquer; l'on en pourroit dire autant quand elles ſeroient demeurées entre les mains d'un Notaire, qui les repreſenteroit, & c'eſt ce qui ne ſe peut ſuppoſer, lorſqu'à la repreſentation l'on ne leur a point fait ce reproche.

D'ailleurs, il ſuffit que les piéces ayent été reconnuës par l'Accuſé; or des douze qui ont été répreſentées, l'Accuſé en a ſeulement conteſté quatre, ſur le fondement que le paraphe du Supliant endommageoit le corps de ſa ſignature; il n'a pas dénié les huit autres, qu'il a même paraphées, en requerant ſeulement qu'il en fut encore apporté de nouvelles. Ces piéces par lui reconnuës ont donc pû demeurer regulierement pour piéces de comparaiſon. C'eſt ce qui s'établit encore, parce qu'étant preſent, lors de la remiſe qui en a été faite aux Experts, pour proceder à la verification, il ne les a point conteſtées.

Mais quand il les auroit conteſtées, ſa conteſtation ſeule n'auroit pas dû les faire rejetter, & il ne pourroit ſe plaindre du Jugement qui les auroit admiſes malgré ſon oppoſition. Quelle eſt en effet la regle ſur ce point?

L'art. 8. du tit. 8. de l'Ordonnance de 1670, établit que ſi les piéces ſont conteſtées par l'Accuſé, ou s'il refuſe d'en convenir, le Juge en dreſſera ſon Procès verbal pour y pourvoir, après qu'il aura été communiqué à la Partie Publique & à la Partie Civile.

C'eſt auſſi ce qui a été pratiqué dans l'affaire preſente. Aprés les conteſtations faites par l'Accuſé, ſur les douze piéces qui étoient repreſentées pour piéces de comparaiſon, le Juge ayant dreſſé ſon Procès Verbal, qui a été communiqué au Subſtitut de Monſieur le Procureur General ſur les lieux, il a été ordonné que des douze piéces, il y en auroit ſeulement huit d'admiſes & quatre rejettées, à la place deſquelles il en ſeroit apporté quatre autres.

Ces quatre piéces ont été repreſentées par le Greffier de l'Election, & par les Notaires indiquez, elles n'ont point été conteſtées par l'Accuſé, & elles ont ſervi à la verification. C'en ſeroit aſſez pour écarter le moyen

de prétenduë nullité, tiré de ce que le Supliant auroit representé les douze autres. Car l'on ne peut reprocher à ces quatre le même défaut. Elles
n'ont point été paffées devant Le Cerf Notaire, elles ne fouffrent aucun
reproche, & il y en avoit affez dans ce nombre pour pouvoir faire regulierement la verification.

L'Accufé fe plaint en cinquiéme lieu de ce que l'on ne lui a pas accordé, comme il demandoit, que pour pieces de comparaifon l'on prît
des expeditions du Bureau. Il prétend que ce font celles qui devoient être
préferées, parce qu'elles auroient eu plus de conformité avec celles qu'il
s'agiffoit de vérifier. Il veut prouver cette neceffité par differentes confiderations tirées de la difference des plumes, de celle de l'encre, de la fituation de celui qui figne avec plus ou moins d'attention, du nombre même
de fignatures qui fe font dans le Bureau, & fouvent avec précipitation ou
non-chalance, ce qui fait qu'elles ne font pas conformes à celles
qui fe font chez un Notaire avec attention, & en fe fervant de la plume
qu'il prefente, dont la taille différente peut faire un caractere différent ou
diffemblable de celui qui a été fait par un Employé dans fon Bureau au bas
d'une expedition qu'il auroit délivrée.

Sans entrer dans toutes ces confiderations de la fituation de celui qui
figne, de la pofition de fa main, de la difference des plumes ou de l'encre,
qui ne font imaginées par l'Accufé, que pour tâcher de former de l'embarras, l'on répond 1°. Que toutes ces prétenduës différences des circonftances où les fignatures ont été faites ne changent jamais le caractere ef-
fentiel de l'écriture auquel les Experts les reconnoiffent, l'on y retrouve
toûjours le même goût & la même inclination de main, les mêmes liai-
fons des traits des lettres, en un mot le même genie d'écriture qui forme
le caractere propre & particulier à chaque perfonne qui écrit, à quoi les
Experts ne manquent pas de le reconnoître.

2°. S'il étoit neceffaire pour pieces de comparaifon d'en avoir qui
cuffent été faites avec la même plume & dans la même fituation que celle
qui feroit à vérifier, il n'y auroit point de fauffaire qui pût craindre
d'être convaincu; car il feroit le plus fouvent impoffible d'en trouver
de pareilles, & comment pourroit-on même jamais s'affurer d'en avoir
de cette qualité faites avec la même plume, le même encre, & dans la
même fituation de corps & d'efprit. C'eft trop peu dire que cela feroit
quelquefois impoffible, cela le feroit toûjours. Ainfi l'Accufé n'étoit pas
bien fondé à prétendre qu'au lieu des pieces autentiques qui lui étoient
reprefentées, il fallût prendre pour pieces de comparaifon des expeditions
du Bureau.

3°. Il n'étoit pas même poffible d'avoir égard à cette prétention, parce
que ces expeditions n'étants que des écritures privées & non autentiques
n'auroient pu aux termes de l'art. 5. du tit. 8. être admifes pour pieces de
comparaifon, ou du moins qu'elles auroient été fujettes elles-mêmes à reconnoiffance ou vérification, ce qui devoit abfolument les exclure.

4°. Il y auroit eu d'ailleurs trop de danger à admettre de pareilles pieces,
& c'eft ici qu'il faut devoiler le motif qui les faifoit demander à l'Accufé
& l'interêt qu'il y avoit. C'eft que le Paffavant, dont eft queftion, n'eft
pas la feule expedition où il ait contrefait la fignature du Supliant; il en
a délivré

a délivré plufieurs autres où il s'eft donné la même liberté pour faire de pareilles prévarications, enforte qu'il auroit fort bien pu arriver que l'on eût pris pour pieces de comparaifon d'autres fignatures contrefaites de même par l'Accufé; C'eft ce qui lui fait dire que rien n'étoit plus aifé que de retrouver quelques-unes de ces pieces qui font répanduës en grand nombre dans le voifinage de Guife, & que l'on y auroit trouvé une parfaite reffemblance avec celle qu'il s'agiffoit de vérifier; c'eft encore par cette raifon qu'il y infifte aujourd'hui, en demandant qu'il foit procedé à nouvelle vérification fur des pieces de cette qualité; & c'eft par cette raifon même qu'il ne doit pas y être écouté, & que l'on n'a jamais dû admettre une pareille prétention.

L'Accufé objecte en fixiéme lieu que les Experts devoient procéder à la vérification en prefence du Juge, & que l'on ne devoit pas leur confier les pieces pour les emporter chez eux, fur tout dans un Cabaret où ils logeoient, & il prétend que la vérification qu'ils ont faite eft nulle, parce qu'ils l'ont fait hors la prefence du Juge.

Ce prétendu Moyen a déja été oppofé avant l'Arreft du 4 Février dernier dans la Requête du 10 Decembre 1727, où l'on a exageré les Inconveniens prétendus qui pouvoient s'enfuivre, & fait valoir l'ufage contraire, allegué comme certain dans tous les Tribunaux, de faire la vérification au Greffe, à quoi cependant l'Arrêt n'a point eu d'égard, puifque, malgré cette prétenduë nullité, la vérification en queftion a été confervée.

Mais il eft aifé de penetrer le principe & le motif de l'Arrêt en montrant que cette précaution n'eft point effentielle ni requife. L'on ne trouvera en effet aucun article de l'Ordonnance qui exige la prefence du Juge pour affifter l'Expert dans l'examen qu'il fera de la piece. Il n'y en a auffi aucun qui prefcrive le lieu où les Experts doivent examiner la piece, & qui dife que ce doit être dans le Greffe.

Il y a plus, l'article 11 du titre 8 de l'Ordonnance de 1670 qui ordonne la remife des pieces à chacun des Experts feparément fans prefinir le lieu où ils les doivent examiner, porte que ce fera pour les voir & examiner à loifir, ce qui marque une liberté toute entiere de confier les pieces aux Experts, de la probité defquels on n'a point à fe méfier après qu'ils ont prêté ferment, & qui deviennent en quelque forte des Juges exempts de tout foupçon. L'article 15 du titre 9 s'explique encore en termes generaux que les pieces feront remifes entre les mains des Experts après qu'ils auront prêté ferment; ce qui fait voir que l'Ordonnance n'a point craint qu'ils fuffent les maîtres de les emporter, & qu'elle leur en a laiffé un plein pouvoir en leur laiffant celui de les examiner chacun feparément & à loifir; ainfi le défaut de prefence du Juge qui affifte ces Experts dans cet examen, ne peut jamais faire une nullité. Il n'eft donc pas vrai que cet examen doive toujours fe faire fans déplacer, ni qu'il y ait aucun inconvenient à craindre de ce déplacement.

Mais fans entrer dans la difcuffion de ces prétendus inconveniens, il eft certain que dans l'efpece particuliere il n'en eft arrivé aucun du déplacement des pieces, & que la piece arguée de faux ainfi que les pieces de comparaifon, ont été rétablies au Greffe faines, entieres & fans alteration, comme elles en avoient été tirées. L'Accufé l'a lui-même reconnu

I

lorfqu'elles lui ont été reprefentées lors de fon Interrogatoire fubi en la Cour devant M. Hatte & lors de la confrontation des Experts : ainfi c'eft inutilement qu'il reclame l'ufage de ne point déplacer les pieces à verifier, & qu'il veut en faire ici l'apologie comme feul capable de prevenir les inconveniens.

Après avoir attaqué de toutes ces manieres la verification faite à Guife quant à la forme ; l'Accufé fe répand en injures contre les Experts qu'il taxe d'ignorance, d'incapacité, même d'intelligence avec le Supliant, auquel il reproche qu'il a fait les frais d'un fouper que Duplat Huiffier a donné à ces Experts pendant le cours de la verification.

Le Supliant ignore ce que c'eft que ce prétendu fouper donné aux Experts par Duplat. Il étoit abfent de la Ville de Guife pendant que la verification s'eft faite, & il n'a point penfé à leur donner un pareil repas dont il n'a certainement point fait les frais ; ce reproche n'eft pas même vrai-femblable, parce que s'il avoit eu deffein de les gagner & qu'il eût été de ce caractere, il fe feroit fervi d'une autre voye.

Au furplus il feroit inutile de répondre aux autres reproches vagues que l'Accufé propofe, dont les Experts eux-mêmes, fi l'Accufé les leur a fait à la confrontation, n'auront pas manqué de fe laver & d'effacer jufqu'aux moindres impreffions. Quoiqu'ils l'ayent fait en termes modeftes & en difant que leurs obfervations font telles que leur experience fondée fur les principes de leur art, leur a permis de les faire, ils n'en font pas moins croyables;au contraire ils font plus dignes de foi que s'ils avoient fait d'eux-mêmes un éloge faftueux, & cette modeftie de leur réponfe n'enferme point, comme l'Accufé le prétend, un aveu d'incapacité.

Il eft étonnant que l'Accufé après s'être plaint de ce que Me. Tiratel Avocat, nommé pour être un des Experts, ne s'étoit pas trouvé à la verification, & après avoir foutenu qu'il étoit un de ceux dont les lumieres en l'art d'écrire, le rendoient le plus neceffaire, fe plaigne de ce que deux Notaires ont été nommez Experts pour la verification, & qu'il prétende qu'ils n'ayent pas dû l'être. Leur occupation qui les met à portée de voir tous les jours faire des fignatures, & de comparer des pieces peut bien les rendre capables de les verifier, mais d'ailleurs y ayant deux Maîtres Ecrivains qui ont procedé à la verification, dont le rapport eft conforme au fuffrage des deux autres Experts Notaires, cette objection ne peut faire d'impreffion.

Enfin l'Accufé attaque au fonds la verification dont il s'agit, par les contrarietez où il prétend que les Experts font tombez dans leurs differentes obfervations fur les lettres de la fignature à verifier avec les pieces de comparaifon, & il fuit attentivement l'examen de toutes ces lettres, chacune en particulier, pour tâcher d'y trouver quelque minutie à relever.

Le Supliant n'entrera point dans cette difcuffion des differents traits de plume dont les lettres font formées, ni dans l'examen fcrupuleux de la forme & de la figure de chacune d'elles en particulier. Une telle differtation ne peut convenir qu'aux Experts, qui auront eu foin de répondre à toutes ces obfervations de l'Accufé lors de la confrontation, & qui auront foutenu fans doute la verité de leur décifion. L'on fe contentera pour y répondre de faire quelques reflexions generales.

La premiere que la differente maniere de s'exprimer des Experts plus ou moins affirmative, soit comme avis ou comme décifion, & les motifs des obfervations qui les y ont engagez, non-feulement font des chofes indifferentes dès que leur conclufion eft unanime, parce que c'eft cette conclufion qui renferme leur Jugement & le point décifif auquel il fe faut fixer; mais cette difference même dans leurs obfervations, s'il y en a, fortifie encore cette conclufion, puifque d'un côté elle y fournit un plus grand nombre de motifs, & que de l'autre elle fait voir qu'il n'y a eu aucun concert ni intelligence entre les Experts, qu'ils ont feparément chacun examiné les pieces, & qu'ils ont auffi décidé chacun en particulier.

Mais lorfque ces differentes décifions données en particulier, étant raffemblées, fe trouvent conformes dans les deux points effentiels, fçavoir que la fignature en queftion eft diffemblable des fignatures ordinaires du Supliant, & qu'elle eft femblable aux traits de celle de l'Accufé; il ne peut y avoir de doute dans la conclufion qu'ils ont tirée chacun en particulier, & qui eft neanmoins la même pour tous les quatre, que cette fignature a été contrefaite, & que c'eft l'Accufé qui eft l'auteur de cette falfification.

Une feconde reflexion, c'eft que l'Accufé lui-même a reconnu lors de fon Interrogatoire fubi en la Cour devant M. Hatte, que la difference étoit fenfible entre la fignature en queftion arguée de faux & les fignatures ordinaires du Supliant fur les pieces de comparaifon; il faut qu'elle foit bien évidente pour qu'il ait été forcé de l'avoüer; mais il a prétendu s'en fervir pour demander, qu'au lieu de ces pieces de comparaifon qu'il avoit lui-même admifes, il fût apporté des Expeditions du Bureau, c'eft-à-dire d'autres pieces qu'il auroit lui-même fabriquées, & où il auroit pareillement falfifié la fignature du Supliant, car l'on n'en trouveroit que trop de cette efpece, & il n'eft pas étonnant qu'il ait promis qu'alors il fe trouveroit une entiere conformité, puifqu'en effet elles feroient faites de la même main; il y a donc eu une jufte raifon de lui refufer cette comparaifon, & il ne doit pas efperer que cela lui foit accordé en la Cour.

Une troifiéme reflexion, c'eft que cette verification étant faite fur une auffi grand nombre de pieces de comparaifon, fçavoir fur douze pieces autentiques, dont dix font fignées par le Supliant, & deux fignées par l'Accufé, il n'eft pas poffible que les Experts en voyant un fi grand nombre de fignatures n'ayent parfaitement reconnu le génie & le caractere d'écriture de chacune des Parties, & ce grand nombre de pieces affûre de plus en plus la verité de leur raport & de leur dépofition.

L'Accufé prétend néanmoins s'en faire un moyen à la faveur d'une équivoque qu'il a reprochée à l'un des Experts, fçavoir qu'il avoit dit que toutes ces fignatures étoient differentes; mais cet Expert y a répondu à la confrontation, que cette difference dont il avoit parlé n'étoit pas entre les pieces de comparaifon, qui confervoient toutes le même genre d'écriture, & où l'on voyoit que les mouvemens des doigts & des bras avec lefquels elles font faites, fe rencontrent toujours les mêmes; mais que la difference effentielle étoit d'elles à la fignature arguée de faux.

Les efforts que fait l'Accusé pour détourner dans un autre sens cette explication si simple & si naturelle, marquent seulement qu'il se trouve gêné par cette difference des signatures des pieces de comparaison avec celle qui se voit sur la piece arguée de faux; difference qu'il a néanmoins été obligé d'avoüer, & qu'il a reconnu dans son Interrogatoire subi en la Cour.

Enfin, ce qui répond à toutes les Objections que l'Accusé forme contre cette vérification, c'est l'assemblage des circonstances dans lesquelles elle a été faite. 1°. Le nombre des Experts; il y en a eu quatre qui ont procedé à cette vérification, au lieu que l'on se contente ordinairement de deux. 2°. Ces Experts n'ont point été suspects à l'Accusé, ils lui ont été connus avant qu'ils ayent procedé à la vérification, il étoit present lorsqu'ils ont presté serment, & que les pieces leur ont été remises, il ne les a ni recusées ni reprochées. 3°. Ces quatre Experts, ayant examiné chacun separemment, & à loisir les pieces de comparaison & la piece arguée de faux, ont décidé chacun en particulier du sort de la signature en question. 4°. Ces décisions particulieres redigées dans leurs dépositions, lorsqu'ils ont été entendus comme témoins, se réunissent en une seule, que la signature est fausse, & qu'elle est fabriquée par celui qui a signé le nom de Prevost au bas des pieces souscrites de son nom, c'est-à dire, par l'Accusé qui les avoit reconnuës. 5°. Ils ont été recolez à Guise, & ils n'ont rien changé dans leurs rapports ni leurs dépositions, ils l'ont été pareillement en la Cour, & ils y ont perseveré. 6°. Ils ont été confrontez à l'Accusé, & ils lui ont soûtenu chacun en particulier la vérité de leur décision, ils l'ont même forcé d'avoüer que la difference étoit sensible entre la signature arguée de faux & les signatures du Supliant apposées sur les pieces de comparaison. 7°. Ces quatre Experts sont à la vérité de differente profession; deux sont Notaires, & deux Maîtres Ecrivains dans deux Villes considerables Laon & S. Quentin; mais cette difference de profession n'empêche pas qu'ils ne fussent tous quatre capables de discerner la vérité d'une écriture, & de faire une vérification, parceque les uns sont dans l'habitude continuelle de voir faire des signatures, & les autres dans l'exercice de montrer l'art d'écrire & d'en expliquer les principes. Ils peuvent à la vérité avoir des termes différens & des manieres particulieres de considerer une écriture pour y trouver la conformité ou la dissemblance avec une autre, & c'est peut-être de là qu'il se trouve quelque différence dans leur maniere de s'exprimer; mais il ne s'en trouve point dans leur décision, sçavoir que la signature arguée de faux est dissemblable de celles du Supliant, & qu'elle est semblable à celles de l'Accusé.

Enfin ce n'est point par une comparaison legerement faite & sur une ou deux signatures seulement, qu'ils forment leur décision, c'est sur l'examen de douze pieces qu'ils ont comparées avec celle en question, & ce nombre considerable de pieces fortifie leur jugement à un point qu'il ne peut plus souffrir de doute.

Si l'on réunit toutes ces circonstances, il ne se trouvera pas qu'il y ait jamais eu de vérification plus solidement faite, & sur laquelle il y ait eu plus lieu d'assurer que la vérité a été exactement connuë; ainsi elles font cesser toutes les défiances generales que l'Accusé voudroit insinuer contre

cette

cette efpece de preuve qu'il dit n'être que conjecturale, & tous les reproches particuliers qu'il forme contre la vérification, dont il s'agit.

La confequence generale au contraire qui réfulte de tout ce qui a été
dit jufques ici à cet égard, c'eft que cette vérification eft auffi jufte que
reguliere ; ainfi elle forme une preuve complete & une pleine conviction
contre l'Accufé ; furtout fi on la réunit à la dépofition des témoins & aux
argumens tirez de la propre conduite de l'Accufé, fçavoir de l'aveu écrit
de fa propre main dans le Projet d'Acte d'accommodement & de fon évafion devant les premiers Juges, qui feul aux termes de l'Arrêt devoit emporter peine de conviction.

Il s'enfuit de là que l'Accufé, pleinement convaincu par des preuves
judiciaires aufquelles il eft impoffible de fe refufer, n'eft point en état de
demander, comme il fait par la Requête du 7 Août dernier, qu'il foit
procedé en la Cour à une nouvelle vérification. Tous les prétextes qu'il a
imaginez pour combattre la premiere font détruits, & dès que la premiere a été faite dans la regle il n'eft plus befoin de chercher d'autre
preuve.

Sa reffource eft de prétendre, que fans préjudicier aux droits des Parties
cela ne peut qu'inftruire la religion des Juges, & que telle eft la jurifpru-
dence des Arrêts, qui fournit des exemples de vérifications reïterées, même fans que l'Accufé eût de moyens à oppofer à la premiere, & fans
qu'aucune des Parties l'eût requis. Il cite pour preuve quelques Arrêts
qu'il foûtient l'avoir ainfi ordonné & avoir même admis pour pieces de
comparaifon, celles qui étoient propofées par l'Accufé, d'où il conclut
qu'il faut auffi admettre les nouvelles pieces de comparaifon qu'il propofe,
fçavoir des pieces du Bureau fignées du Supliant, anterieures à la date
du Paffavant du 24 Février 1724.

Il n'eft pas neceffaire de faire fentir l'inutilité dans le cas prefent d'une
nouvelle vérification. Cela eft évident par foi-même, après ce qui a été
expliqué de la premiere ; elle ne pourroit inftruire la Juftice plus qu'elle
l'eft par celle qui a été faite à Guife, & par les autres preuves qui font au
Procès: elle ferviroit feulement à éloigner la décifion & à fournir peut-être
à l'Accufé le moyen de former de nouveaux embarras, qui eft tout ce
qu'il cherche dans l'efperance de fe procurer l'impunité par des lon-
gueurs de Procedures, qu'il a déja trouvé le fecret de faire durer depuis
plus de quatre ans & demi que l'accufation eft formée contre lui ; mais
une pareille utilité n'eft pas en Juftice un moyen qui puiffe être écouté, ni
qui puiffe réuffir.

A l'égard des Arrêts qu'il oppofe l'on ne voit pas quelle étoit la Procedure qui avoit été tenuë, ni quelles étoient les circonftances particulieres
de chaque efpece ; l'on convient qu'il peut y en avoir où il foit utile ou
même neceffaire d'avoir recours à de fecondes & même à de troifiémes
vérifications : par exemple, fi la premiere eft incertaine ou obfcure, &
que la feconde forme des contradictions avec la premiere.

Il faut bien que tel ait été le cas de ces Arrêts, puifque l'Accufé dit que
dans quelques-uns les vérifications ont été reïterées, fans que cela fût demandé ; mais cela ne peut s'appliquer à l'efpece prefente, où la premiere
vérification eft claire & certaine, foûtenuë de la dépofition des témoins,

fur tout de celle de Defprez, qui a dépofé *de vifu* & de l'aveu même de l'Accufé qui a reconnu que la fignature du Supliant fur la piece arguée de faux étoit différente de fes autres fignatures des pieces de comparaifon.

Cette réponfe fe foûtient & fe fortifie par ce qui eft expofé de ces Arrêts par l'Accufé lui-même.

En effet dans celui de 1710 il paroit, dit il, qu'il avoit été ordonné deux vérifications par le Lieutenant General d'Amiens, & que le Parlement en a ordonné une troifiéme. Telle eft encore l'efpece de celui de 1727 qui en a de même ordonné une troifiéme, après qu'il y avoit eu deux Rapports faits au Châtelet ; Ainfi voilà, dit l'Accufé, l'ufage établi de trois vérifications dans la même inftruction de faux, fans qu'elles ayent même été demandées par aucune des Parties.

Mais quel eft cet ufage ? eft-ce en general la neceffité de plufieurs vérifications ? non fans doute, & l'on pouroit rapporter bien des exemples où une feule a fuffi. Cela n'eft pas même propofable, puifque l'Ordonnance n'en demande qu'une ; que peut-on donc refumer de ces difpofitions, qu'il falloit bien que les premiers Juges euffent trouvé de l'incertitude ou de l'irrégularité dans le premier Rapport, puifqu'ils en avoient ordonné de leur propre mouvement un fecond, & alors ces deux Rapports ne s'accordans pas parfaitement, comme il eft très-poffible que cela arrive, il étoit convenable d'avoir recours à un troifiéme pour ôter les contradictions ou les doutes.

Il falloit même que les circonftances fuffent bien favorables à l'Accufé, & bien contraires aux Accufateurs, s'il eft vrai, comme il eft allegué, que l'on ait admis pour pieces de comparaifon des pieces propofées par l'Accufé & paffées devant lui, puifque c'étoit aller non-feulement contre l'ufage, mais contre la difpofition de l'Ordonnance, qui ne permet pas à l'Accufé de fournir de pieces de comparaifon, & qui porte en termes exprès art. 6 & 10 du tit: 8 qu'elles feront fournies par la Partie publique ou par les Parties civiles.

Ainfi l'on ne peut induire de ces exemples particuliers intervenus fans doute dans des cas finguliers, qu'il faille admettre une nouvelle vérification dans l'affaire prefente, où toutes les circonftances font en faveur du Supliant, fans qu'il y ait aucun doute ni incertitude dans la décifion des premiers Experts.

D'ailleurs, dans les efpeces des Arrêts oppofez, l'on ne voit point que les Experts qui avoient procedé aux premieres verifications euffent été comme dans l'efpece prefente recolez & confrontez, ni que l'Accufé aprés avoir demandé deux fois une nouvelle verification, en eût été debouté par deux Arrêts, & cette difference fournit encore une nouvelle Réponfe à l'induction que l'Accufé veut tirer de ces Arrêts.

En effet, par le recollement & la confrontation des Experts, leur rapport & leur verification devenus contradictoires avec l'Accufé ont acquis un nouveau dégré de force, & une autorité telle qu'il n'eft plus poffible de ne les pas admettre : outre cela l'Accufé ayant été debouté de fa Demande afin de nullité de ces rapports, & afin de nouvelle verification avant le recollement & la confrontation, tant par l'Arrêt contradictoire du 4. Fevrier que par celui du 26 Avril dernier, ne doit plus être écouté à former une pareille Demande, après cette confrontation qui n'a fait que confirmer la verité de ces rapports.

Il prétend éluder cette fin de non recevoir de deux manieres ; l'une en difant que fa Requête a été jointe au Procès par l'Arrêt du 26 Avril , & qu'ainfi il n'en a pas été débouté. Mais outre que cette jonction eft un débouté tacite, puifque le recollement & la confrontation qu'il vouloit empêcher par ce moyen ont été ordonnez par cet Arrêt, il a été bien nettement debouté par celui du 4 Fevrier d'une pareille Demande , qu'il avoit formée par une Requête du 10 Décembre 1727 , qui n'a point été jointe au Procès.

L'autre évafion que propofe l'Accufé ; c'eft que comme l'on n'a pas dû admettre fa Demande avant la confrontation, l'on n'a pû auffi l'en debouter, parce que ç'auroit été un Jugement anticipé , attendu que l'évenement de cette Demande dépendoit de ce qui fe pafferoit à la confrontation : mais c'eft encore ce qui fe tourne contre l'Accufé , parce que les Experts lui ayant foutenu lorfqu'ils lui ont été confrontez, la verité de leur décifion , & ne lui ayant pas été poffible de les entamer fur aucun point, cette Confrontation n'a rien changé à fon avantage, au contraire elle n'a fait que confirmer avec lui cette verification , qu'il ne peut plus autrement attaquer.

L'offre qu'il fait, d'avancer les frais de la nouvelle verification qu'il demande, même fans repetition, n'eft pas un moyen fuffifant pour la faire admettre , & elle ne peut fervir qu'à faire voir qu'il fent bien lui-même que cette procedure n'eft ni néceffaire, ni dans la régle, puifque fi elle l'étoit, ce feroit au Supliant à en avancer les frais qu'il ne voudroit pas lui épargner.

Ce qu'il ajoûte à cette offre , que la nouvelle vérification foit faite fur de nouvelles piéces qu'il propofe, entr'autres fur des expeditions du Bureau des Traites de Guife, eft non feulement contraire à la régle, mais c'eft un piége qu'il tend à la Juftice, par les raifons qui en ont déja été expliquées ; fçavoir, que l'on pourroit fort bien prendre d'autres piéces, qu'il eût pareillement fabriquées. Son deffein de furprendre en ce point eft trop groffier, & en même tems d'une trop dangereufe confequence pour qu'il y ait lieu de craindre qu'une telle Propofition puiffe être écoutée en Juftice.

Toutes ces conditions, qu'il ajoûte à fa Demande afin de nouvelle verification , font autant d'argumens fenfibles par lefquels il découvre lui-même la regularité de la premiere vérification & la jufte défiance où il eft de cette demande, qu'il n'a hazardée que parce que fe voyant convaincu , il ne fçait plus où s'accrocher pour éviter fa condamnation, qu'il voudroit éloigner s'il pouvoit par quelque interlocutoire.

Il eft en effet convaincu du crime dont il eft accufé, non-feulement par cette vérification , mais par la dépofition des témoins, entr'autres par celle de Defprez, qui lui a foûtenu l'avoir vû écrire au bas du Paffavant en queftion la fignature du Supliant. Il l'eft encore par fon propre aveu, tant par la reconnoiffance qu'il a fait dans fon interrogatoire & à la confrontation, que la fignature en queftion étoit differente des fignatures ordinaires du Supliant, que par la lettre qu'il a écrite avant la plainte, où il remercie le Supliant de fon filence, & par le projet d'accommodement écrit de fa main, qui eſt joint au Procès où il ſe reconnoît coupable, en ſe ſoumettant à tout, ſi l'on vouloit ceſſer de le pourſuivre.

Il avoüe que ce projet eſt écrit de ſa main, mais il prétend que c'eſt ſeulement une copie, qui lui a été diⱪée pour ſe conſulter à des gens au fait des affaires; que ce projet ainſi écrit eſt tombé en des mains infidelles qu'il ne nomme point, enſorte que c'eſt par ſurpriſe & par infidelité qu'il s'eſt trouvé entre les mains du Supliant.

Cette fable mal concertée, pour tacher de retraⱪer un aveu qui l'accable, n'effacera pas l'inſcription qui en réſulte.

Il convient non-ſeulement l'avoir écrit, mais que ce n'eſt qu'après qu'il a ſçu que la vérification faite à Guiſe lui étoit contraire. S'il avoit été innocent il n'auroit aſſurement pas eu beſoin de conſulter des gens au fait des affaires, pour ſçavoir s'il ſe reconnoîtroit coupable; mais la vérité eſt que juſtement effrayé de la conviⱪion prochaine de ſon crime, ainſi que de la peine, il emploïa différentes perſonnes auprès du Supliant pour aſſoupir l'affaire, entr'autres le Sr. Aubert Chanoine, qu'il pria d'intercéder auprès des Sr. & Dame de Laiſtre, afin de les employer auprès du Supliant, il employa auſſi deux Religieux Minimes, ſçavoir les PP. le Roi & Déchamps, qui ſeroient en état d'en certifier le fait.

Le Supliant ne s'étant point rendu à ces ſollicitations, parce que l'Accuſé avoit déja abuſé de ſes premieres graces, & s'étant retiré à la Campagne pour en éviter de pareilles, la femme de l'Accuſé accompagnée de ſes enfans & du Sr. Aubert Chanoine, vint exciter la compaſſion de la Femme du Supliant & lui laiſſa le projet d'accommodement que la Dame Dudrot envoya au Supliant ſon mary. C'eſt ainſi qu'il eſt parvenu entre ſes mains ſans aucune infidélité; mais l'Accuſé n'ayant plus paru depuis, & ayant préféré la fuite à la ſoumiſſion qu'il promettoit; ce projet n'a pu avoir d'exécution: les pourſuites ont été continuées, & il a été condamné par une Sentence par Contumace, non-ſeulement pour le crime de faux qui fait l'objet principal de la plainte du Supliant, mais pour pluſieurs autres malverſations par lui commiſes dans les fonⱪions de ſon emploi.

Il eſt en effet non ſeulement coupable de la prévarication particuliere qu'il a jointe à une fauſſeté, en contrefaiſant la ſignature du Supliant au bas d'un Paſſavant, qu'il a délivré au lieu d'acquit & pour lequel il s'eſt fait payer ſans rien enregiſtrer 8 l. 4 ſ. par le nommé Deſprez, avec promeſſe de lui fournir outre cela deux chapons: Mais il l'eſt d'une infinité d'autres prévarications de toute eſpece dans les fonⱪions de ſon emploi, ſoit en ne portant ſur les Regiſtres qu'une partie des Droits qu'il recevoit, ſoit en déguiſant la quantité ou la qualité des marchandiſes qui lui étoient déclarées, & en ſubſtituant de fauſſes déclarations.

Toutes ces manœuvres ſe dévoileroient & la vérité ſeroit connuë en entier, ſi l'inſtruⱪion que Mr. le Procureur General, qui a rendu plainte de ces faits & qui s'eſt fait autoriſer à en faire informer, étoit jointe à l'accuſation que pourſuit le Supliant. C'eſt ce qui doit faire penſer qu'il eſt difficile, pour ne pas dire impoſſible, que l'on juge l'une ſans l'autre, parce que ce ſeroit ne juger l'Accuſé qu'à demi. L'on y verroit (qu'il a plus d'une fois non-ſeulement favoriſé la fraude & fait des paⱪions avec des conduⱪeurs de marchandiſes; mais qu'il étoit dans l'habitude d'envoyer ſon va-

let

let au devant d'eux & à l'Hôtellerie où ils devoient loger, pour les conduire, fans paffer dans Guife, avec de faux acquits, moyennant la fomme pour laquelle il compofoit avec eux.

Il n'eft pas poffible que pour foûtenir toutes ces prévarications, il n'ait auffi un grand nombre de fois contrefait la fignature du Supliant, & qu'il ne lui ait fait par là un tort infini; cela eft évident. Cette facilité malheureufe qu'il a eû d'abufer ainfi de fon nom lui a fourni celle de recevoir auffi pour lui les deniers des Tailles, fur tout pendant des tems de maladie où il ne pouvoit veiller à ce qui fe paffoit, & il lui a caufé par le vol de ces fommes, dont il demeuroit refponfable, un debet très-confiderable, dans lequel il eft tombé fans pouvoir s'en garantir.

Ces différentes pertes jointes aux frais, que la pourfuite de cette affaire, qu'il a été obligé d'entreprendre pour éviter fa ruine entiere, lui caufe depuis plufieurs années, doivent lui procurer des réparations civiles ou dommages interêts très - confiderables, pour lefquels ce n'eft pas trop de lui accorder une fomme de 30000 l. qui ne réparera pas même à beaucoup près tout le tort qu'il lui a fait.

CE CONSIDERE', NOSSEIGNEURS IL VOUS PLAISE donner Acte au Supliant de ce que pour Réponfes aux Requêtes d'attenuation de l'Accufé, fignifiées les 14 Avril, 7 & 11 Août dernier, il employe le contenu en la prefente Requête, ce faifant procedant au Jugement du Procès ordonner que les termes injurieux & calomnieux, répandus dans lefdites Requêtes de l'Accufé, contre le Supliant, feront fuprimez, à l'effet dequoi les Originaux & les Copies en feront apportez au Greffe de la Cour pour être lefdits termes rayez & biffez par le Greffier, & fans s'arrêter à la demande de l'Accufé à fin de nouvelle vérification en la Cour de la piece arguée de faux, dans laquelle il fera déclaré non-recevable, & dont en tout cas il fera débouté, en confequence & attendu les preuves qui font au Procès, le déclarer dûement atteint & convaincu d'avoir fauffement & malicieufement contrefait la fignature du Supliant au bas d'un Paffavant, par lui délivré au lieu d'acquit le 24 Février 1724, au nommé Defprez, Laboureur à Efqueherries, par qui il s'eft fait payer 8 l. 4 f. pour réparation dequoi le condamner en telle amende qu'il plaira à la Cour de fixer, ordonner que la fignature du nom du Supliant étant fur ledit Paffavant fera rayée & biffée, condamner en outre l'Accufé en 30000 l. d'Interêts Civils, & en tous les depens envers le Supliant, fauf à Mr. le Procureur General pour la Vindicte publique à requerir qu'il foit condamné aux peines prononcées par les Ordonnances contre les Commis convaincus de fauffeté & de prévarication dans les fonctions de leur Employ, ET VOUS FEREZ BIEN.

Monfieur CHABESNART DE BONNEUIL, Rapporteur.

DUPIN, Proc.   PRUNGET le jeune, Proc.

De l'Imprimerie de PAULUS-DU-MESNIL, Imprimeur-Libraire, ruë Sainte Croix en la Cité, attenant l'Eglife, 1728.